MONSIEUR
ET
MADAME

PAR

LE BARON DE LAMOTHE-LANGON,

Auteur de *M. le Préfet, la Femme du Banquier, l'Auditeur au Conseil d'Etat*, etc.

> Qui civilise
> Démoralise.
>
> *Recueil de Proverbes.*

I.

PARIS,
CHARLES LACHAPELLE, ÉDITEUR,
75, RUE SAINT-JACQUES.
—
1837.

MONSIEUR
ET
MADAME.

Romans nouveaux en Vente.

MADAME DE TERCY, ou l'Amour d'une femme, par Charlotte de Sor. 2 vol. in-8.	15
JACQUES-COEUR, ARGENTIER DE CHARLES VII, par le baron de Bilderbeck. 2 vol. in-8.	15
LE MARQUIS DE BRUNOY, par Guérin. 2 vol. in-8.	15
LE DÉMON DU MIDI, chronique espagnole, par Alfred de Serviez. 2 vol. in-8.	15
UNE MAITRESSE DE KLÉBER, par J.-F. M. 2 vol. in-8.	15
LE PAIR DE FRANCE, par Mme la baronne Aloïse de Carlotwitz. 3 vol. in-8.	22 50
LE JÉSUITE, par Spindler. 3 vol. in-8.	15
LES TROIS AS, par le même. 2 vol. in-8.	15
LA PRINCESSE BORGHÈSE. 2 vol. in-8.	15
NEUF JOURS D'HYMEN, par Alfred de Serviez. 2 vol. in-8.	15
JEAN LE PARRICIDE, par la baronne Aloïse de Carlotwitz. 2 vol. in-8.	15
L'INDUSTRIEL OU NOBLESSE ET ROTURE, par le baron de Bilderbeck. 2 vol. in-8.	15
MADAME DE PARABÈRE, chronique du Palais-Royal. 2 vol. in-8.	15
CAGLIOSTRO, par l'auteur des Mémoires de Madame Dubarry. 2 vol. in-8.	15
L'AUDITEUR AU CONSEIL D'ÉTAT, par l'auteur des Mémoires sur Louis XVIII. 2 vol. in-8.	15
MADEMOISELLE DE ROHAN, par le baron de Lamothe-Langon. 2 vol. in-8.	15
LA FILLE D'UN OUVRIER, par Eugène de Massy. 2 vol. in-8.	15
L'ARCHEVÊQUE ET LA PROTESTANTE, par Ourliac. 4 vol. in-12.	12
JEANNE LA NOIRE, par le même. 4 vol. in-12.	12
LA FIGURANTE, par H. Vallée. 4 vol. in-12.	12
LE POMPIER, par le même. 5 vol. in-12.	15
LE BIGAME, par le même. 4 vol. in-12.	12
LE PRÊTEUR SUR GAGES, par le même. 5 vol. in-12.	15
LES CHEVALIERS D'INDUSTRIE, par le même. 4 vol. in-12.	12

MONSIEUR
ET
MADAME

PAR

LE BARON DE LAMOTHE-LANGON,

Auteur de *M. le Préfet*, *la Femme du Banquier*, *l'Auditeur au Conseil d'Etat*, etc.

> Qui civilise
> Démoralise.
> *Recueil de Proverbes.*

I.

PARIS,

CHARLES LACHAPELLE, ÉDITEUR,

75, RUE SAINT-JACQUES.

1837.

PRÉFACE
DRAMATIQUE.

LUI et MOI.

LUI. (*lisant dans les Œuvres de Boileau et à haute voix*) :

Un auteur à genoux dans une humble préface
Au lecteur qu'il ennuie, a beau demander grâce.....

MOI.

Voilà des vers passablement impertinens.

LUI.

Est-ce là votre opinion ?

MOI.

Ce doit être celle de tout *Jeune-France* et

de quiconque a le sentiment de son génie et la conviction de sa supériorité. Mon très Cher, nous ne sommes plus à cette époque honteuse où une ridicule modestie ou des respects de convenance obligeaient les gens de lettres à s'humilier devant telle ou telle réputation usurpée. Le siècle a marché, et eux ont grandi; nous sommes à des jours de franchise et d'indépendance où chacun s'appréciant ce qu'il vaut, n'hésite pas à le dire. C'est noble orgueil et pas sotte vanité, c'est fierté respectable et qui sied bien.

LUI.

Vous le croyez.

MOI.

Comment si je le crois, j'en suis persuadé; et pourquoi serais-je le seul à ne pas me rendre justice? pourquoi irais-je m'abaisser avec hypocrisie lorsque j'ai de mon talent une si haute idée. Je me sens appelé à régénérer la littérature, à lui imprimer une nouvelle forme ; je serais créateur, je ferais secte, j'aurais une école ; et vous voulez qu'avec cette certitude je consente lâchement à m'humilier en apparence, à me traîner dans la boue pour le divertissement de mes lecteurs et de mes amis ! non pas, s'il vous plaît ; je suivrai une autre route, et dès aujourd'hui je me placerai à mon rang, c'est-à-dire au premier.

LUI.

Mais vous y laissera-t-on ?

MOI

Comment, si on m'y laissera ? et qui, s'il vous plaît, aurait l'audace de chercher à m'en faire descendre, mes confrères ?... oh non. C'est d'eux à moi chose convenue, que chacun de nous tour à tour se proclamera le chef du genre dans ses préfaces, et dans des articles de journaux qu'il composera lui-même, et qu'un homme indépendant signera pour cent écus et pour moins souvent : mes amis donc, n'auront garde de manquer au pacte qui nous lie, ils y perdraient autant que moi. Les Gazettiers qui se débattent contre la camaraderie, sainte alliance qu'on n'attaque pas sans commettre un sacrilège, voudraient-ils me frapper? eh bien, à l'avance j'infirmerai leur jugement, je leur dirai qu'ils ont le droit de critiquer tout l'univers hors mes œuvres; que je suis d'ailleurs un homme complet, un homme d'ensemble; que c'est infamie pure et à stygmatiser au front, que de gloser sur telle ou telle de mes productions; qu'on ne peut voir dans elles à part que des rayons d'une même gloire, et quil n'y a ni loyauté ni vertu ni délicatesse à me reprendre en détail. Le combat ne doit être permis qu'envers mon ensemble; et mon ensemble est encore imparfait ; il ne sera compacte qu'à l'aide d'une longue, très longue vie, quatre-vingt, quatre-vingt-dix, cent ans environ ; alors seulement j'aurai eu l'espace nécessaire à me développer, à me poser dans ma masse, en présence de la postérité ; mais si je meurs plutôt, si un mois seulement fait faute à ce cycle que je veux qu'on m'accorde, il y aura méchanceté noire, crime même, à me critiquer : on ne me critiquera donc avec droit, et sans trouble de conscience qu'après mon décès, et que tout autant que j'aurai atteint l'âge de Fontenelle... J'ai pris mes précautions, je veux vivre tranquille, jouir de la renommée que je me serai faite, et ne pas avoir à supporter les sarcasmes odieux de la basse envie : je veux en un mot que nul n'ose me dire en face que je manque d'imagination, que je pille ou copie, et cela sans mesure et sans goût. Vous comprenez, si nous souffrions de pareilles insultes, combien le champ de la haute littérature serait pénible à défricher ; je dis *haute*, parce que tout est haut chez nous. Autrefois on partait d'un point déterminé pour arriver au but : maintenant on monte sur le but dès le premier pas, c'est plus commode, et l'on s'y maintient en dépit de la cabale et de la jalousie. Je m'y suis posé, je m'y tiendrai, et si on tâche de m'en faire tomber je me récrierai contre l'abomination de cette ère corrompue qui se refuserait à couvrir la naïveté de mon amour-propre.

LUI.

Pauvre ami, des bains froids vous seraient nécessaires.

MOI.

Je vous entends ; vous aussi, êtes gonflé d'un noir venin ; vous aussi, êtes de ces reptiles qui voulez que l'étude et de longs tra-

vaux précèdent les élucubrations du génie.
L'envie vous ronge, tandis que moi élevé
audessus d'elle, je ne suis jaloux ni de Molière,
ni de Rousseau, ni de ce pauvre Voltaire, et
que même en un cas de besoin, j'aiderais Corneille d'un de mes éloges.

LUI.

Et le bon sens, la raison...

MOI.

Je m'en moque, tenez vous le pour dit, mon
cher, la raison n'a pas le sens commun. Rien
n'est pitoyable comme les règles, vieilles
formes dont nous ne voulons plus. Le naturel,
la gaîté, la finesse d'observation, la grâce, les
caractères simples et unis, sont hors de l'art.
Nous avons tout changé; le beau d'abord,
c'est le laid : le sublime, c'est le grotesque :
nos peintures sont hideuses, tant mieux : tout
en nous est bizarre, tant mieux encore;

nous ne tenons compte ni de l'histoire ni des caractères connus, ni des mœurs réelles, eh bien! c'est une preuve que seuls nous avons une connaissance exacte du passé. Il ne nous faut que souterrains infects, que scènes déchirantes, que mensonges péniblement arrangés; des pendaisons, des supplices, des échaffauds... l'exécuteur des hautes œuvres, c'est notre type, notre homme modèle; il ne manque à aucun de nos romans, il est dans toutes nos pièces de théâtre, nous l'avons prodigué de manière à pouvoir en parodiant un vers de ce polisson de Boileau, dire journellement à nos parens, amis, connaissances et admirateurs, car des admirateurs il nous en faut, et en grand nombre, à pouvoir dire à tous enfin :

Aimez-vous *les bourreaux?* on en a mis partout.

Et vous conviendrez qu'en fait de plaisir et de bon goût, un bourreau vaut mieux que de la muscade. Je sais que nos vils ennemis prétendent qu'on ne le rencontre nulle part, qu'il n'est connu que de la canaille, et qu'on doit éviter de le présenter tant. C'est une proposition infâme; elle tend à nous montrer comme ignorans dans l'art d'émouvoir le cœur en nous conformant a cet autre précepte absurde:

Inventez des ressorts qui sachent m'attacher.

En avons-nous besoin? est-ce que l'horrible n'est pas délicieux? je le demande à quiconque est dégagé des préjugés classiques; exemple : préféreriez-vous à Henri VIII, à Marie Tudor, sa digne et ressemblante fille, donnant à l'*homme de sang* la charge de les débarrasser des objets de leur amour, Orosmane immolant lui-même Zaïre dans un transport, ou Hermionne poussant Oreste au crime, en l'attaquant dans les passions désordonnées de son âme ? comme ceci est commun ! Toujours les mouvemens du cœur, les agitations d'une tendresse furieuse. Qu'en place de cela, un bourreau se dessine mieux sur la scène ! et sa tunique rouge ! et sa belle barbe ! et son coutelas !... Fi de vos poignards antiques ; un damas, morbleu ! bien large, bien étincelant, éffilé surtout ! voilà le beau, l'original, le véritablement pathétique ; partout enfin le bourreau.

Lui, *en riant* :

Il n'est pas de bonne fête
Si ce Monsieur n'en est pas.

MOI.

Chanter, parodier, est-ce répondre ? vous m'attristez par cette obstination. Qui vous porte à vous opposer à l'élan du siècle ? qui vous retient dans la vieille ornière ? ah ! ne nous rendez pas malheureux en nous refusant votre suffrage; ne nous opposez pas des réputations décrépites qui nous sont insupportables. Il convient de *nous poser* entre elles et l'avenir : nous avons besoin de gloire, accordez-nous en à notre faim et soif, lisez-nous, applaudissez-nous, achetez-nous, surtout; tombez en pamoison à notre vue : oh oui ! délirez d'amour de nous et de nos œuvres, cela nous fera plaisir. Rien n'est pénible, dur, humiliant enfin, pour un *Jeune-France* qui s'est voué au culte de latrie, comme d'être l'objet du persiflage et des ricanemens du public. Il y a dans cette persistance à le tourmenter quelque chose de bas, d'odieux et d'injuste : car qui doit nous apprécier mieux que nous-mêmes, qui peut mieux savoir ce que nous valons? or, si nous avons la bonhomie, la sincérité de vous faire connaître notre prix réel, est-il délicat de nous contredire de façon à laisser soupçonner que nous sommes de la fausse monnaie : ce manège est une atrocité digne du dernier supplice, il prouve un cœur pervers, une âme corrompue, et celui qui s'y livre doit être un citoyen coupable, un parent sans entrailles.

LUI.

Oui.

> Qui n'estime Cotin, n'estime pas son roi
> Et n'a, selon Cotin, ni Dieu, ni foi, ni loi.

MOI.

Mon dieu! que la plaisanterie a mauvaise grâce, lorsqu'elle s'attaque à des convictions...

LUI.

D'amour-propre, à des monomanies ridicules, aux erreurs d'un cerveau malade par surabondance d'orgueil. Quoi, il ne vous suffit pas de la camaraderie, des éloges mendiés et soldés, il vous faut encore le silence de la vraie littérature, et vous exigez despotiquement les *bravo* de la multitude. Eh! Messieurs les jeunes hommes, un peu moins de tyrannie, s'il vous plait, contentez-vous de vos séides, soyez tolérans ; mais non, votre code réduit à ce seul vers :

<small>Nul n'aura de l'esprit hors nous et nos amis.</small>

devient article de foi, que, Mahomet nouveau, vous prêchez le sabre à la main. La preuve de votre supériorité résulte d'un combat singulier.

<small>Un clerc pour quinze sous sans craindre le holà,</small>

ne peut plus exercer le droit

<small>......... Qu'à la porte on achète en entrant.</small>

Vos Souteneurs, car vous en avez à la honte du siècle, l'assommeront à la première manifestation d'une velléité d'indépendance. On le jette à la porte, s'il demeure glacé ou immobile; on le tue, s'il se montre mécontent. Voilà les résultats de votre empire établi par la fraude et soutenu par la violence. Mais il a beau faire, il ne se perpétuera pas. Les Dieux que vous vous efforcez de bannir, conserveront leurs temples; les lois qu'ils nous ont données ne périront point fondées sur le gout, la raison, elles triompheront de vos vaines attaques et vos *pasticcio* absurdes tomberont en plein oubli avant même que votre carrière soit complète. Les modèles au théâtre seront toujours nos grands maîtres que vous dédaignez tant, et dans le genre du roman, Cervantes, Lesage, Richardson et Madame Cottin.

NOTE DE L'ÉDITEUR.

J'ai trouvé dans la rue Saint-Antoine le dialogue ci-dessus. Le roman que je publie manquait de préface, il lui en servira, et ce sera, je crois, rendre un vrai service à l'auteur.

Les deux Amis.

On est arrivé au point de s'étonner de la vertu comme autrefois on s'indignait du vice.

Recueil de Maximes.

1.

—Oh oui! c'est une fille charmante, je l'adore, elle fera mon bonheur.

— Je suis enchanté que vous ayez rencontré ce phénix que nous cherchons avec tant de désir, et que nous saisissons si rarement.

— La fortune, mon bon Eusèbe, m'a servi

à souhait ; vous connaissez mon indépendance, mon aversion pour les emplois publics, mes goûts casaniers, et combien je fuis le tumulte et tout ce qui ressemble à l'intrigue et aux manèges de l'ambition.

Eusèbe de Molène, qui ne savait rien de cela, se contenta de s'incliner en homme bien élevé, et son ancien camarade de collège, Raymond, poursuivit :

— Eh bien! je n'aurai pas à renoncer à mes habitudes chéries, grâce à l'alliance que je vais contracter; ma future n'est pas noble, ainsi point d'orgueil de sang...

Eusèbe s'inclina de nouveau tandis qu'un sourire malicieux effleurait ses lèvres.

— Ce n'est point qu'elle ne soit bien apparentée, son oncle est pair de France, son cousin-germain, auditeur au conseil-d'état, son père est député paisible...

— Ventru, vous voulez dire?

— Non, mais homme de bien, qui demeure en dehors de toute opposition systématique, véhémente et injuste; son frère est substitut du procureur-général, en attendant mieux; il y a encore un autre oncle, maréchal-de-camp, et tout ce monde, c'est bras dessus bras dessous avec la cour.

— Ce qui, comme vous le dites, peut bien assurer pleinement votre indépendance.

— Sans doute, mon chemin est tout tracé, je n'aurai qu'à suivre la ligne de mes nouveaux parens.

— Ce qui, pour un homme sans ambition est ce qu'il y a de mieux à faire.

— On donne à mademoiselle Nantilde Marsail un million le jour du contrat de mariage, sans compter les espérances et le supplément de dot qui résultera de la position de ses parens au château.

— C'est de règle, il est juste que la nation

entre pour quelque chose dans votre bien-être personnel.

—Ah! quand on sert l'état, il faut que l'état paie; le prêtre vit bien de l'autel.

— Pourquoi nous, ne vivrions nous pas du budget? il y en a tant d'autres qui le dévorent.

— Vous êtes frondeur.

— Je croyais être vrai, mais poursuivez je m'intéresse tant à votre heureux mariage.

— Ma future est jolie, cela ne gâte rien. Vous comprenez qu'une femme de bonne mine danse plus souvent avec le prince royal et les jeunes ministres, que celle au visage refrogné et défait.

— Ce qui aidera beaucoup à vos goûts simples et casaniers.

— Assurément, car je me reposerai sur elle des soins de solliciter; d'ailleurs, elle a de l'esprit comme un démon, une piété éclairée et de la philosophie à en revendre; son éducation à coûté plus de cent mille francs, elle a remporté cinq prix de vertu, sans compter les accessit.

— Perfection complète, mon cher Raymond, et à quand la noce?

— On la presse à force; mais le moyen de surmonter promptement la foule d'obstacles qui nous égorgent à plaisir?

— Il y a donc des opposans, vous n'êtes donc pas d'accord avec la famille Marsail?

— Si, de par Dieu! toute affaire d'intérêt est conclue; mais, mon ami, n'y a-t-il pas d'autres puissances à ménager? Mesdames Despaux qui ne sont pas faciles à manier; mademoiselle Stéphanie rue Neuve-des-Petits-Champs, à laquelle on ne peut arracher une toque, à tel point la foule assiège ses salons; Herbault qui nous traîne avec une lenteur..... nous n'avons de lui encore qu'une misérable toque de velours garnie de cinq plumes blanches, une bagatelle de quinze cents francs.

— Excusez du peu.

— Et le tapissier, et l'ébéniste, et le jouailler, et la négociante en lingerie. On se perd dans ce dédale, je ne sais à quelle époque ils me laisseront jouir de cet ange parfait.

— A ce que je vois, l'amour entre pour beaucoup dans cette union.

— Je n'aime pas Nantilde, je l'adore ; je voudrais pouvoir la placer sur un autel et l'encenser du matin au soir ; elle est si belle, si aimable, si douce, oui, douce comme du miel de l'Hybla. Pauvre brebis, que de tourmens la sensibilité lui prépare ! Ma tendresse d'ailleurs ne serait-elle motivée que par la reconnaissance, devrait atteindre au plus haut degré. Nantilde est folle de moi ; c'est une passion ardente que je lui inspire ; nous vivrons comme les couples d'autrefois, vous savez, ceux dont on dit :

> Il n'en est que dans les romans
> Et dans les nids des tourterelles.

J'ai tout fait pour mériter cet attachement; j'en suis digne, je le sais, il n'en est pas moins glorieux d'en être l'objet.

— Et je vous en fait mes complimens sincères.

— Vous serez le témoin de ma félicité; je vous présenterai à la famille de ma femme, excellentes gens, sans façon, sans morgue, sans préjugés. Ne dites jamais rien contre les entrepreneurs, ils en sortent; vous ménagerez les fournisseurs, notre oncle le pair en était un, et ne choisissez pas leur maison pour déclamer contre les jeux publics, mon beau-père a une forte somme dans la maison de commerce Benazet; du reste, vous pouvez parler et de l'intolérance sacerdotale, et de la vanité insupportable de la noblesse; ne vous en faites faute. Soyez sobre de propos touchant le gouvernement; dédommagez-vous sur les républicains, on vous les abandonne..... Oh! chez M. Marsail on a son franc parler. Je tiendrai une bonne maison, pas de luxe, table ouverte; on ne refuse rien à qui vous donne à dîner; j'ai des projets..... Oh! vous entendrez parler de moi, avant qu'il soit peu.

— Ce qui contrariera votre aversion pour les emplois publics.

— Mon pays avant tout, et s'il réclame mes services, mon patriotisme me fera un devoir de lui immoler ce que j'ai de plus cher.

— Je vous reconnais à ce beau sentiment, je vous retrouve, Raymond, tel que je vous ai quitté il y a huit ans.

— Nous étions des enfans. Et vous avez passé cette éternité?...

— En fin fond de province occupé péniblement.....

— Oh! si vous avez eu des malheurs, je vous plains, d'autant plus qu'aujourd'hui, le bon ton veut que l'on soit riche : un pauvre, un prolétaire, c'est moins qu'un carliste et pis qu'un républicain. Je verrai à vous servir, venez chez moi le matin, de bonne heure, vous ne me dérangerez pas alors.

— Grand merci de vos offres, mais je suis la mode.

— Comment, qu'est-ce à dire?

— Je suis riche.

— Vous m'avez fait entendre.....

— Vous m'avez coupé la parole, je voulais dire que j'étais occupé à soigner péniblement la santé de mon aïeul, vieillard respectable, et que sa perte m'afflige plus que ne me contente l'héritage immense que j'en ai recueilli.

— Vous êtes donc *fortuné*?

— Oui.

— Ah! vous serez des nôtres, je vous présenterai partout où le mérite est honoré; où l'on apprécie l'homme à son poids. Vous êtes électeur, éligible? vous avez certainement une haute influence dans votre province? nous nous servirons de tout cela.

— Pour qui, Raymond?

— Pour moi, pour les miens... pour vous... Désormais, nous serons inséparables; où logez-vous?

— Rue du Bac.

— Dans le noble faubourg... J'oubliais que vous êtes gentilhomme, eh bien! cela ne vous nuira pas, on passera par dessus cet inconvénient; car, mon cher, voyez-vous, l'industrie est tout en France, vous le reconnaîtrez avant peu.

— Je le vois depuis quelque temps... Mais en changeant de propos, pourrais-je vous demander ce qu'est devenu Louis Dumar, notre ami de collége, lui si bon, si parfait.

— Louis Dumar... En effet, je crois l'avoir connu.

— L'avoir connu, votre cousin issu de germain!

— Lui... c'est possible... il m'a jeté dans

de terribles embarras... il s'est ruiné... en sot..... en imbécile...... on lui a offert une place... très avantageuse, un bout de table au Palais-Royal, il a dit fi....,. Un surnumérariat dans un ministère, il s'est encore reculé ; ma foi, à l'aspect de tant d'ingratitude, je lui ai battu froid, il a fait le fier, s'est fâché... je ne le vois plus.

— C'était un excellent camarade, un cœur d'or, une âme franche, il faut absolument que je le retrouve.

— Il vous sera à charge.

— Un ami...

— S'il a besoin de vos secours, s'il vous demande de l'argent ?

— Il ne m'en demandera pas.....

— Un besogneux.

— Je le préviendrai.

— Tout comme il vous plaira.

— Savez-vous au moins son adresse ?

— Non, il est peut-être dans quelque grenier du quartier latin..... Du moment où il m'a manqué, ma délicatesse et ma fierté m'ont fait un devoir de ne plus entendre parler de lui, je l'avais même oublié...... Eusèbe, en vivant avec nous, vous perdrez bientôt vos habitudes de province.

— Je connais la force de l'exemple.

— Ajoutez, s'il vous plait, de la réflexion et du profit ; nous sommes en pleine route de perfectibilité, et chacun pour soi..... Mon ami, le *primo mihi*, c'est aujourd'hui la loi et le prophéte, c'est la morale universelle ; car, qui a plus de droit à notre amour, que nous même ? Or donc, de ce point doivent découler toutes nos actions et à lui se rattacher chacune de nos pensées. En un mot, nous devons être le centre de nos affections.

— Raymond, vous irez loin, avec cette profondeur de vue ; quand on en vient à immoler les autres à soi, rien ne nous arrête : l'amitié par exemple, devient un bâton sur lequel on s'appuie pour aider sa marche, et que l'on jette lorsque l'on est arrivé au terme.

— Vous exagérez, Eusèbe.

— Je dis vrai..... mais j'oublie que je suis avec vous depuis une heure, je vole des momens précieux à votre méditation, à vos travaux philosophiques. Adieu, nous nous reverrons.

— Souvenez-vous que je veux vous présenter à la famille Marsail, je lui en demanderai l'agrément ce soir, et après demain à la même heure que nous sommes aujourd'hui, vous viendrez me prendre, si vous n'aimez mieux que j'aille chez vous, et ensuite nous irons chez mon futur beau-père.

— Vous ne me trouveriez pas, je campe au milieu de cent ouvriers, car j'ai aussi mes tribulations d'établissement, je me rendrai ici sans faute.

— N'y manquez pas, votre souvenir m'a été si doux.

Après cette phrase sentimentale, Eusèbe de Molène prit définitivement congé de son ami. L'un et l'autre avaient le même âge ; élèves dans leur jeunesse, du collège de Louis-le-Grand, ils y avaient contracté cette liaison intime, que dans l'adolescence on prend pour de l'amitié. La divergence de leurs caractères, les avait encore mieux attachés ensemble, et Louis Dumar était en troisième dans cette union.

Ce dernier avait une imagination ardente, impétueuse, folle même, et passionnée à l'excès. Il croyait à tout, aux revenans, à la vertu, aux protestations de dévoûment et d'estime, à la tendresse délicate, à la probité moderne, au désintéressement des hommes en place, à la générosité sans calcul, et même à l'amour. Ses yeux se remplissaient de larmes à la vue d'une jolie femme; son cœur palpitait au récit d'une belle action. Enthousiasme par nature, inconsidéré, avide de tout apprendre et des nouveautés, il poursuivait dès son bas âge ces chimères brillantes, que dans l'enfance on tient pour réelles, et qui perdent de densité, à mesure que l'on grandit.

Orphelin de bonne heure, il avait dissipé sa fortune sans y faire attention, sans trop savoir pourquoi, en véritable insensé, en cadeaux aux femmes, en bonnes actions, en achats de chevaux, puis en prêts à ses amis sincères; et un matin il se réveilla sans amis, sans gens reconnaissans du bien qu'il leur avait fait, et sans maîtresses, chacun ayant suivi à son égard la règle commune, tandis que lui s'obstinait à vivre dans une sphère d'idéalité. Lorsqu'il se trouva seul, lorsque la pitié dédaigneuse, l'égoïsme insolent, l'eurent frappé; quant il eût vu le monde tel qu'il est, un dégoût profond de l'existence s'empara de lui, il se demanda s'il ne valait pas mieux en finir tout à coup avec la vie.

« Non, s'écria-t-il, la mort violente est une lâcheté, continuons d'exister, pour me punir et pour mépriser les hommes ! »

Dès ce moment, on ne l'aperçut dans aucun des salons qu'il fréquentait. On perdit promptement son souvenir. Le monde n'a de mémoire que pour se rappeler des heureux et des injures. L'infortune s'efface vite de sa pensée, tant il a peur qu'elle ne le trouble dans ses plaisirs.

Louis s'en alla tout à l'écart, il s'établit dans le désert de Paris, c'est-à-dire en dehors de la société. Il cessa de voir son cousin Raymond, dédaignant de répondre à ses offres injurieuses de secours. Bref, il disparut aux yeux de tous.

Ce n'est pas l'usage que d'aller au devant du malheur; c'est beaucoup encore, lorsqu'on souffre qu'il vienne à nous.

Eusèbe de Molène appartenait à une famille noble de Provence, que la révolution de 1789 avait rudement frappée. Né dans les premières années du gouvernement de Napoléon, et jeune encore lorsque tomba cet homme extraordinaire, il s'était saturé des principes de la restauration; tout l'y portait, ses alentours, ses réflexions, ses lectures : il croyait à la possibilité d'une liberté sage et monarchique, à la nécessité du concours de la religion dans l'action publique, et quoique riche, il possédait un souverain mépris des avantages que l'argent procure. Il désirait valoir plus par lui que par son coffre; et par conséquent, quoique enfant de ce siècle, il tenait par son caractère, à ceux purs, de notre avidité.

C'était d'ailleurs un homme calme, spirituel, malicieux, un peu de mauvaise humeur du cours actuel des choses; et, frondeur déterminé, il n'avait voulu être ni militaire, ni diplomate, ni administrateur, ni financier, prétendant qu'aujourd'hui, la carrière des armes ne conduisait qu'à faire des campagnes dans les antichambres des grands ; que toute diplomatie devenait école de mensonge ; que la basse servitude formait le joug des administrateurs; que la finance enfin, avait telle réputation de volerie, qu'il était heureux, l'honnête banquier dont on ne s'approchait pas, chacun la main sur la poche. Il riait de l'indépendance de la magistrature, et n'admettait pas qu'on pût prêter tour à tour quelques douzaines de sermens.

Quant à Raymond, ses propos ont déjà fait connaître son caractère. Fils d'un bourgeois riche par les économies précédentes de plusieurs générations, il ne dépensait pas son bien en folles dépenses, souscrivant à propos dans les circonstances d'éclat, caressant quiconque avait du pouvoir, et parlant sans relâche de son désintéressement, lorsque chaque de ses démarches était marquée au coin de l'avidité. Beau fils du reste, très élégant de tournure, ayant des traits agréables, un œil vif, des couleurs vermeilles et toujours mis à la dernière mode. Le luxe de ses vêtemens, de son équipage, de son appartement, étaient les ressorts principaux de son avarice; il semait, afin de beaucoup recueillir.

Une Famille au Temps présent.

La saque sent toujours le hareng.
Proverbe.

II.

La chambre de mademoiselle Nantilde Marsail, était remplie d'ouvriers en tous genres. Admis par faveur spéciale, dans ce sanctuaire de la mode et du goût du jour, ils avaient le loisir d'admirer l'élégance du lit, dont le bois tout en incrustations d'ébène, d'écaille et de nacre, se relevait en festons, en ogives gothiques, et que surmontait un riche dais en lampas à trois couleurs, couronné de bouquets de plumes blanches, et d'une corbeille de bronze doré. Les fauteuils, les chaises, les tabourets dont les pieds et les dossiers se contournaient en spirales, et recouverts d'une étoffe assortie à celle du lit, brillaient d'or et d'incrustations élégantes. Une pendule du temps de Louis XIV, deux candélabres, deux vases de porcelaine de Vieux-Sèvres, accompagnés d'une foule de superfluités, dont la fantaisie moderne fait une nécessité absolue, garnissaient la cheminée. Le *somno* représentait un prie-dieu du treizième siècle. La commode était un des chefs-d'œuvre de Boule; on affirmait que Benvenuto Cellini avait ciselé l'aiguière gracieuse et le miroir de vermeil garni de pierreries, qui l'accompagnait, placé en regard d'un petit coffre de Burgos tout garni de pointes d'acier; sous des rideaux de lampas; d'autres en mousseline des Indes, brochée d'or et d'argent, retombaient attachés ici à des embrasses de bronze modelées sur le dragon impérial de la Chine; il y avait là, une table à ouvrage en forme de corbeille, travail indien en laque précieuse; deux lampes à la Carcel, étaient isolées sur de hauts guéridons de bronze; du plafond pendait une coupe de porcelaine, autour de laquelle courait une guirlande de fleurs, dont les couleurs radieuses ressortaient vivement lorsqu'on allumait dans l'intérieur du vase, les bougies destinées à produire une lumière douteuse, propre à la rêverie et au sentiment. La tapisserie, en étoffe de Lyon, assortie au lit, avait de grosses cordes d'or qui descendaient le long des coutures; au haut, flottait une écharpe de toile d'or, et au bas, pendait un gland de même matière. On prétendait que tout cela était *simple*, sévère, mais d'un goût exquis.

Cette pièce ainsi décorée, était précédée de salons, et suivie d'un boudoir, où l'on voyait éclater de toutes parts un luxe excessif. Là, l'orgueil plébéien se complaisait à lutter de magnificence, avec la pompe de la noblesse d'autrefois, à se parer de ses dépouilles, à entasser pêle-mêle ses meubles magnifiques, en témoignage de la victoire que le peuple lui a fait remporter sur elle.

Cet appartement somptueux n'était pas celui que Nantilde habitait ordinairement. On le destinait à sa demeure dès après la noce, puisqu'elle habiterait avec ses parens, et il venait d'être achevé lorsque les ouvriers de la jeune fille y furent introduits, sous prétexte que celle-ci s'y trouvait, et dans le fait, pur résultat de vanité puérile ; on était bien aise dans cette maison d'écraser sous tant de splendeur ces *espèces* qui depuis juillet 1830, s'imaginent marcher de pair avec les hauts seigneurs de la fourniture, de la banque, et de l'industrie.

Nantilde ne se pressa pas de paraître, elle ne se rendit que lorsqu'une femme de chambre lui vint faire part des murmures de la *première demoiselle* de madame Rambault qui parlait de s'en aller, car, disait elle, je ne suis pas faite pour attendre.

Nantilde alors parut, jolie, gracieuse, contente; à qui l'étude de la physionomie humaine n'est point familière, il se serait laissé tromper à cette satisfaction apparente, mais celui habile à lire sur nos traits les mouvemens de notre âme aurait aperçu quelque chose de sardonique dans ce sourire de position.

Mademoiselle Marsail promenat ses regards sur une multitude d'objets précieux, de modes élégantes, de colifichets richement travaillés; elle daigna froisser dans ses doigts blancs, arrondis et effilés, des cachemires de l'Inde, des dentelles de Belgique et de riches foulards de Lyon; les étoffes de soie brochée de velours, de mousseline, obtinrent ses suffrages ou furent frappées de sa réprobation; elle choisit avec nonchalance, essaie aussi indifféremment des robes Sylphiriques, des bonnets, des chapeaux propres à embellir des fées, et ne pouvant jusqu'au bout se maintenir dans le rôle joué jusque là, finit par se montrer boudeuse, impatiente, et par lasser de ses caprices ces marchands, dont la patience avide est la seule vertu.

Pour se délivrer de cette cohue, elle déclara que le cœur lui défaillait, et que si on la tourmentait plus long-temps elle tomberait dangereusement malade, qu'elle prendrait en haine les maisons qui travaillaient pour elle... c'en fut assez : on ne peut concevoir l'étendue du respect et le degré de soumission que la richesse inspire à la classe ouvrière, combien celle-ci renonce en sa présence à la dignité de l'homme et à cette égalité qu'elle a cru conquérir ; l'intérêt la rend esclave volontaire, et elle supporte toute tyrannie qui la paie bien : en conséquence chacun se hâta de renfermer les écrins, les fourrures, les plumes, les modes, les chiffons, on se sauva avec prestesse en formant des vœux à haute voix pour la bonne santé d'une aussi charmante, d'une aussi gracieuse demoiselle.

Ils partirent tous... Nantilde porta ses yeux autour d'elle... Personne n'était là, les deux soubrettes connaissant la portée de l'orage qui se préparait avaient été des premières à prendre la fuite... elle était seule... alors elle se mit à pleurer, à frapper du pied sur le tapis moelleux, à marcher d'un pas précipité çà et là dans la chambre au hasard et en insensée ; lasse enfin de ce manège, elle se laissa choir sur un fauteuil, cacha sa tête dans ses mains et demeura ainsi quelque temps plongée dans ses réflexions chagrines... Quand elle releva son front, un rouge ardent couvrait sa figure et des éclairs de fureur partaient de dessous ses belles paupières.

— Non, dit-elle à voix basse et comme cédant néanmoins par un entraînement irrésistible, au besoin de soulager sa douleur en la communiquant à la solitude, non, je ne commettrai point une lâcheté pareille, je ne me perdrai point de propos délibéré... Je l'aime pourtant, poursuivit-elle en baissant la voix, il me semble que sans lui je ne pourrai vivre... Un simple ouvrier... Moi, avec ma fortune... moi qui danse à la cour... et je quitterais ces magnificences et je me ferais sifler par mes meilleures amies, je désolerais mes parens, je *dérogerais*, non! non! et cent fois non! oh folle! comment ai-je pu me laisser prendre à ce caprice? donner ainsi mon cœur au premier venu... J'ai fait la faute, j'en serai cruellement punie.

Et Nantilde, se relevant, recommença sa course précipitée, et puis cherchant à fuir sa conscience, et les reproches qu'elle lui adressait, essuya ses yeux, et quittant cet appartement, rentra dans celui où l'attendait sa famille.

Monsieur Marsail avait gagné sa grande fortune dans des opérations commerciales, où pour faire plus vîte son chemin, il avait dû en plusieurs circonstances faire plier sa probité au besoin de gagner; il spécula avec d'autant plus d'âpreté, qu'il déclamait toujours contre les gains illicites, et prêchant de paroles, il croyait inutile d'appuyer de l'exemple; nombre font comme lui et ne s'en trouvent pas plus mal.

Madame Marsail, fille d'un marchand en détail, avait conservé au milieu de son opulence primitive, la simplicité de ses formes premières, sa bonhomie, ses habitudes économes et l'envie de plaire à tout le monde; timide, quoiqu'elle fut en passe de se montrer arrogante, elle cherchait par instinct la place la moins relevée, toujours dans la crainte involontaire qu'on ne l'en retirât avec éclat; ne comprenant pas les priviléges de la richesse, les nécessités d'une grande représentation, elle se levait chaque matin avec la ferme persuasion qu'elle se coucherait ruinée, puisque chaque jour elle dépensait à l'entretien de sa maison le double, le triple de ce que jadis lui coûtait son ménage; fallait-il recevoir du monde, donner une fête? l'effroi s'emparait d'elle, sa tête se perdait, et il y avait urgence à ce qu'on vînt à son aide; pieuse au fond du cœur, charitable par principe, elle demeurait en image, ce qu'elle était autrefois, une respectable marchande de la rue Saint-Denis.

Son m... i gros et gras personnage, tout rond et tout fleuri, se pinçait la bouche en parlant, afin, disait-il, de se parer de belles manières, et fermait les yeux à demi, de peur qu'on n'y lût le secret de sa pensée; une entre autres, le tourmentait maintenant, celle de son illustration; il se rappelait l'ancien seigneur de son village, un vieux marquis d'autrefois, si respecté, si haï dans ses terres, et qui l'avait souvent fait trembler par un seul regard : devenir pareil à lui, en imposer à la multitude, pouvoir être impertinent à volonté et sans contestation aucune, faisait le sujet de ses rêves quand il était éveillé ; aussi avait-il embrassé avec chaleur la cause de la révolution dernière. Il se montra dès la lieutenance-générale reconnue au Palais-Royal, s'énivra des poignées de main de circonstance, faillit mourir à la table du roi-citoyen, non d'indigestion, mais de joie et pendant un an n'eut aucun désir à former. Le temps s'écoula et force lui fut de s'apercevoir du déchet de son importance mercantile : les invitations aux soirées des Tuileries, n'eurent lieu qu'avec la sainte cohue des épiciers ; la table royale cessa d'être la sienne, et pour comble de chagrin, il apprit que des fêtes avaient lieu d'où l'on excluait le gros commerce, où l'on n'admettait que les sommités de la banque et la partie de la noblesse empressée d'endosser une nouvelle livrée. Son dépit, son désappointement ne connut alors plus de borne, et sans cesser d'être pour cela tout dévoué au roi de son choix, il lui en vint un ton d'aigreur et des manières de victime fort plaisantes et dans lesquelles il se maintenait présentement ; c'était à cet homme un besoin extrême, que de s'élever moins au-dessus de son rang réel, que de son opinion : il ne s'avouait pas ce que pourtant lui criait sa conscience ; c'est que les richesses ne donnent positivement pas la considération, et que par elles on n'en obtient que l'apparence. Comme son existence toute obscure quoique lucrative, avait laissé à certains le droit de lui reprocher des actes indélicats, comme il ne pouvait recouvrir son origine du vernis de l'impertinence, il aspirait à obtenir d'autrui ce qui lui manquait par lui-même; c'était la cause principale du mariage qu'il faisait contracter à sa fille, avec Raymond Daclos, dont l'oncle paternel était tout puissant auprès de deux ministres; ce qui lui valait beaucoup d'argent, au moyen des confidences du télégraphe et des pots-de-vin auxquels on lui donnait part.

Lorsque Nantilde entra dans le salon, il y avait, en outre de son père et de sa mère, le nouveau pair de France, M. Clipart, homme de toute volonté étrangère, n'ayant jamais contredit personne en face. Le Directoire l'eut parmi ses admirateurs ; il se rangea parmi les enthousiastes de Napoléon, ne lui tourna le dos à sa rentrée, qu'après la bataille de Waterloo. Les deux restaurations devinrent l'objet de sa vénération exclusive; et comme tous ses sentimens étaient épuisés, lorsqu'advint la révolution de 1830, il ne se trouva plus que de l'amour à lui donner. Aussi, en gratifiat-il le gouvernement de l'époque, qui en retour, et bien certain de sa nullité obséquiente, l'éleva à ce viager, que par civilité, on appelle aujourd'hui la pairie.

Le général, comte Lurton, autre parent de madame Marsail, qui pour cela n'en était pas plus fière, avait fait depuis son entrée au service, de magnifiques campagnes dans les états-majors. On ne lui connaissait guère d'occasions où il eût vu le feu, face à face; mais comme il n'avait manqué de faire une cour très humble à chaque ministre de la guerre, et à tous leurs commis principaux, il fit son chemin, suivant la règle invariable en France, qui veut que pour avancer vite, on marche à genoux et point debout. C'était un spéculateur très actif, il achetait et revendait des terrains, jouait à la bourse, prêtait, disait-on, à la petite semaine, se croyait pauvre, parce qu'il ne possédait encore que deux cent mille francs de rente, pleurait toujours sur ses malheurs, et se refusait le nécessaire, chaque fois que sa vanité n'avait pas pu en souffrir. Car lorsqu'une circonstance décisive l'arrachait à sa parcimonie accoutumée, alors il se montrait presque prodigue par désespoir, et c'était bien de lui, que l'on pouvait dire : *Il n'est chère que de vilain*, non qu'il manquât d'esprit et de connaissances positives, non qu'il ne fût très en état de faire mieux ; mais sa manie ayant dégénéré en une passion furieuse, il ne se trouvait plus assez de force morale pour s'en débarrasser ; l'or était pour lui un lit de rose; et il trouvait à le contempler dans son coffre de fer, le plaisir qu'un jeune homme ardent trouve à contempler les beaux yeux de sa maîtresse.

Ces divers personnages aimaient Nantilde, autant qu'ils pouvaient aimer quelque chose qui, pour l'un n'était pas des honneurs ; pour l'autre, la bonne intelligence avec les gouvernemens en pied, et pour le dernier, une opération brillante sur la rente d'Espagne, ou l'emprunt des cortès. Aussi, fut-elle accueillie avec une satisfaction qui se changea en intérêt rempli d'inquiétude, au moment où, en l'examinant de près, on lui vit les yeux abattus et la physionomie sérieuse.

— Es-tu malade, ma fille, dit madame Marsail déjà fort alarmée ; va te coucher, je t'apporterai du tilleul, où j'aurai exprimé le jus d'un citron.

— Tout entier ! s'écria le général. Ah! ma cousine, vous jetez donc le bien par la fenêtre? Un citron, ménagé avec intelligence, peut aller loin, dans une maison où l'on ne veut rien perdre.

— Il s'agit de ma fille, mon cousin, et pensez-vous que je fasse *la chiche*, lorsque sa santé est en jeu.

— Dieu merci, repartit le général, dont le front rougit tout à coup, je ne passe point pour ladre ; on ne connaît que trop mes folles dépenses, le luxe de mon écurie et la splendeur de mes dîners ; mais je prétends que la libéralité réelle consiste à savoir être à la fois magnifique et économe.

— A propos d'un citron coupé en deux, dit Nantilde, qui, se rappelant la sordidité du militaire, ne put s'empêcher de lui lancer ce trait détourné, tant la mobilité de son caractère l'empêchait de se livrer long-temps à un vif chagrin.

—Pourquoi pas, répondit le comte Lurton, une bonne femme doit veiller à ce qu'on ne gaspille pas sa fortune, et à plus forte raison, ne doit pas la dissiper elle-même. La boule de neige, ma chère enfant, la boule de neige, il faut toujours la voir devant soi et y penser sans cesse.

— Quand elle se fond par un beau dégel, à la bonne heure, repartit Nantilde en riant; quand elle se dissout en torrent d'eau, c'est alors un spectacle curieux.

Le général soupira et se tourna vers M. Clipart.

— Monsieur le pair, dit-il, cette petite fille sera une puissante dissipatrice.

— Je te le répète, Nantilde, va te mettre au lit, dit la mère, je te le bassinerai moi-même...

—Vous, madame! s'écria M. Marsail; manquez-vous, ainsi que Nantilde, de femmes pour vous servir? A vous entendre parler, on nous prendrait pour des rentiers de l'ancienne liste civile; car sur la nouvelle il n'y en a pas.

— Savez-vous, dit le général, à qui le propos de son cousin imprimait un nouveau cours à ses idées, qu'il y aurait un bon coup à faire, en achetant au prix de quelques écus, les pensions de ces misérables royalistes, il serait facile, lorsqu'on en aurait réuni une certaine masse, de s'accommoder avec qui de droit, et alors on irait aux chambres demander un supplément de crédit, dont *qui de droit* et nous, profiterions bien. Que vous en semble, monsieur le pair? voulez-vous prendre part à cette spéculation agréable? nous serions plus sûrs de votre vote, acquis d'ailleurs de toute éternité, aux intérêts de la famille.

M. Clipart, qui, de son côté, n'était pas insensible à l'attrait d'augmenter sa fortune, répliqua affirmativement, et ces deux biénfaiteurs de l'humaéité, se retirant dans un coin du salon, sans plus s'occuper de l'indisposition de leur nièce, se mirent à calculer le produit net *de ce bon coup*. M. Marsail, par entraînement de l'ancienne époque, alla vers eux, non qu'il voulût entrer dans cette nouvelle infamie, et la mère et la fille demeurèrent seules.

Madame Marsail profita de la circonstance pour quereller tendrement Nantilde, sur le peu de soin qu'elle prenait de sa santé, et sur le dérangement de tout ce qui était à elle, double texte que ladite dame ne se lassait pas d'entamer, et qui lui fournissait toujours matière à des remontrances interminables.

La patience respectueuse n'était pas la vertu première de Nantilde. D'ailleurs, enfant gâtée et par conséquent en révolte permanente contre l'autorité de ses parens, elle avait d'abord écouté sa mère avec une sorte de soumission inaccoutumée ; mais peu après, se lassant de sa mansuétude, elle se récria, bouda, se remit à pleurer, et se levant avec vivacité, s'élança hors du salon.

Madame Marsail la suivit, déjà se querellant elle-même de la rigueur mise à traiter cette douce Nantilde. Elle espérait pouvoir la rejoindre et se réconcilier ensemble ; mais Nantilde, par suite de sa mauvaise humeur, s'était réfugiée dans son nouvel appartement, dont elle avait fermé la première porte, et ce fut en vain que sa mère heurta et appela; Nantilde était dans une pièce trop éloignée pour entendre la voix de sa mère.

L'amour aux mansardes d'un Hôtel.

Amour est le synonime du mot *égalité*.
Recueil de Maximes.

III.

Dans cette même maison, mais aux plus hautes mansardes, logeait un monde étranger à celui qui occupait les divers étages au-dessous. M. Marsail étant du nombre des propriétaires, qui veulent que le moindre recoin leur rapporte, louait plusieurs chambres à divers individus de basse condition, et qui logeaient là, en commensalité avec des domestiques, des ménages établis sous le même toit. Une des femmes de chambre de Nantilde, par l'effet des dispositions de l'appartement ancien et très exigu de sa maîtresse, avait son réduit dans cette partie du logis. Ce n'est point que si elle eût voulu insister dans la demande d'en descendre, on n'eût fini par le lui accorder, mais mademoiselle Clarisse, fille du siècle, et presque convertie Saint-Simonienne, préférait sa pleine indépendance à un meilleur logement. Les mansardes ont toujours eu un charme particulier, pour les amateurs de la liberté pleinière. Là, on est égaux entre soi. Là, on se rapproche à volonté. Là, on noue des amitiés solides et des amours de passage. Là, enfin où est heureux ; car si on n'y est point sans soucis, du moins y est-on sans gêne ; et c'est une pleine compensation.

Clarisse donc, quoique investie de la pleine confiance de Nantilde, s'était maintenue dans sa chambre aérienne presque, et cela, avec d'autant plus d'opiniâtreté, que son cœur y était presque toujours occupé. A son tour, un jeune peintre, en ce moment, avait, grâce à ses belles moustaches, à sa barbe en pointe, à sa mine audacieuse, conquis les bonnes grâces de la soubrette. Bien qu'il ne fût qu'un peintre en bâtimens, c'était un grand garçon sans inquiétude de l'avenir, à la mine riante et fleurie, au caractère jovial et turbulent; toujours prêt à se lancer dans une mauvaise affaire, autant qu'à dépenser sa dernière pièce de vingt sous. Nul mieux que lui, ne mettait en pratique la maxime d'Horace:

Le présent est à nous, l'avenir est aux dieux.

Le citoyen Eugène (je dis citoyen, parce qu'en sa qualité de républicain moderne, il dédaignait le titre de monsieur), ayant aperçu dès le lendemain de son entrée dans la mansarde, la jolie figure de Clarisse, à travers une porte entr'ouverte, s'était hâté de venir se féliciter d'un aussi charmant voisinage. Son audace ne déplut pas; il en augura bien, et il eut raison. La semaine était terminée à peine, qu'une promenade en tête à tête, eut lieu le dimanche suivant, vers le Jardin des Plantes, et au retour, la bonne intelligence était établie entre ce couple sans façon.

Nantilde, quoique au dire de son époux futur, eût coûté cent mille francs à ses parens, pour frais de son éducation, Nantilde, selon la règle non moins invariable que tant d'autres avait été très mal élevée. On lui fit contracter dans sa pension, ce qu'on appelle des belles manières, et qui n'est que de *la manière* et de la raideur; mais l'ancienne habitude, prise dans sa famille, les formes triviales, le ton commun, la curiosité avide, le désir de tout voir, de tout entendre, les occupations puériles, la susceptibilité prétentieuse et bourgeoise du magasin, ou de la boutique, ne furent extirpés ni surmontés. Elle les conserva dans leur pureté primitive, et les rapporta chez ses parens.

Elle était donc en contact journalier avec les gens du service, écoutait et prenait un plaisir véritable aux caquets, aux propos, aux querelles, aux intrigues des femmes de la maison. On ne lui cachait aucun de ces détails, qui par leur nudité, nuisent tant à la pudeur d'une jeune personne, familiarisée avec les amourettes de bas étage, leur accordant un intérêt affligeant; elle, à son tour, ne cachait guère ce qui l'occupait, et Clarisse remplissait en chef, l'emploi d'écouter le récit de ses querelles avec avec madame Marsail, et des amusemens qu'elle savait se procurer, soit en dedans, ou en dehors de la maison paternelle.

C'était entre ces deux jeunes filles, une ré

ciprocité d'aveux, de confidences, de rapports familiers, qui les rendaient égales l'une à l'autre, non que parfois l'orgueil de Nantilde ne frappât sur Clarisse ; mais ces bourrasques passagères s'évanouissaient sans laisser de traces ; et peu après, la bonne intelligence se rétablissait. Il est vrai, qu'il en coûtait à la maîtresse quelques cadeaux donnés en forme de réparations; mais elle eut payé plus cher le charme qu'elle trouvait à ce commérage journalier.

Clarisse ne manqua pas d'apprendre à Nantilde son bonheur d'être aimé d'un beau jeune homme, vif, hardi, impudent, capable de braver tous les dangers, pour se satisfaire pendant une seule minute. Elle en dit tant de bien, le rendit si intéressant, qu'elle inspira à Nantilde un désir ardent de le connaître. Mais où le voir, à part son atelier, la rue, si ce n'était dans la mansarde, où on pouvait le rencontrer ?

Un escalier dérobé, et pour le service de la famille Marsail, communiquait des appartemens de celle-ci aux combles de la maison. Il avait là, sa porte fermée par un secret, et nterdite aux autres habitans de ce vaste labyrinthe. Nantilde, plus d'une fois l'avait parcouru pour venir trouver Clarisse, et elle le remonta de nouveau, avec la fantaisie de contempler de près le charmant Eugène. Elle était seule en ce moment : Clarisse, à qui l'ordre en était donné à l'avance, devait attendre dans sa chambre, à l'heure où le peintre rentrait au milieu de la journée.

Nantilde déboucha de l'issue secrète dans l'un des corridors de la mansarde, et alla droit où elle se savait attendue; mais au milieu de sa course, un individu se présenta à elle, vêtu d'une blouse de toile grise, serrée autour du corps par une ceinture de cuir verni. Une cravate de soie de couleur, nouée négligemment autour de son cou, retombait sur sa poitrine large et nerveuse; il avait un pantalon de drap bleu, et des bottes complétaient son équipement. C'était le costume d'un ouvrier, remarquable seulement par une propreté excessive, et par un arrangement de goût, qui prévenait en faveur de ce personnage, jeune d'ailleurs, ayant une tournure distinguée, de la grâce dans son maintien, et en outre, présentant un ensemble de traits nobles et fiers; des yeux grands et spirituels, une bouche petite, des lèvres vermeilles et parées d'un sourire prévenant; sa chevelure brune, retombant sur ses épaules en longs anneaux, une petite moustache et une royale bien soignée, achevaient d'imprimer à son visage, un caractère agréable et particulier.

Il tenait un pinceau de la main droite, qu'il passa promptement dans la gauche, afin de saluer avec meilleure grâce Nantilde qu'il venait, lui aussi d'apercevoir, et que son aspect avait frappée d'un coup de ces sympathies électriques, dont on ne peut nier l'existence et le pouvoir.

Le pinceau qu'il tenait, le fit connaître à mademoiselle Marsail, qui convint tout bas du bonheur de Clarisse, et qui applaudit à la preuve de discernement de cette fine soubrette. Quoi qu'il en soit, cette rencontre inopinée, troubla Nantilde, et lui fit perdre le souvenir de l'emplacement de la chambre occupée par Clarisse, et pendant une ou deux minutes, elle chercha au hasard.

Le jeune homme de son côté, n'avait pas été moins touché qu'elle, et accoutumé à juger aux formes sociales, du rang de ceux qu'il voyait pour la première fois, il avait reconnu sans peine, dans Nantilde, une personne autre que les grisettes et les femmes de chambre, ses voisines, et auxquelles il donnait trop peu de soin pour pouvoir les connaître qu'imparfaitement. Il demeura immobile à la contempler, orsqu'elle l'eut dépassé, et la voyant aller au hasard, s'en rapprocha d'un pas empressé, et lui demanda si elle avait à faire à quelqu'un des commensaux, si ses indications pouvaient lui être nécessaires.

Ces mots furent prononcés avec un son de voix sonore et accompagnés de regards bien autrement éloquens. Nantilde, sans être en état de se rendre compte du trouble intérieur qui l'agitait déjà, et persuadée que l'amant de Clarisse était devant elle, répondit qu'en effet elle s'était égarée un instant dans des lieux pourtant très à sa connaissance, et que, retrouvant sa présence d'esprit, elle espérait au prochain détour, arriver droit à la chambre où elle se rendait.

Le jeune homme n'insista plus, salua profondément, ouvrit une porte voisine, entra et la referma sur lui... Nantilde alors moins agitée retrouva sa route sans s'égarer de nouveau. Clarisse en la voyant arriver :

— Oh! mademoiselle, que vous vous êtes attardée, j'aurais eu tant de plaisir à vous montrer mon Eugène; mais l'ouvrage pressait et il est reparti, il y a un gros quart d'heure.

— Reparti! en es-tu certaine ?

— Je l'ai accompagné jusques au troisième.

— Qui donc habite ici près? c'est pourtant un peintre.

— Non, il n'y a dans la maison qu'Eugène de cet état.

— Je viens de rencontrer un monsieur en blouse et un pinceau à la main, et qui est entré dans une chambre, dont assurément il est le locataire.

— Ah! vous vouliez parler de M. Louis; c'est un brave garçon, bon ouvrier, il colorie des estampes, mais ce n'est pas un peintre comme Eugène, qui a plus de talent et qui est bien plus *gentil*.

Cette dernière assertion parut hasardée à Nantilde, et en se rappelant la physionomie de son monsieur, elle douta que celle du sieur Eugène pût lutter avec tant d'expression et d'agrément. Pourquoi, en même temps, éprouva-t-elle une joie intérieure en apprenant que ce personnage n'était pas attaché à sa femme de chambre, par les liens d'un amour mutuel ; et, poursuivant ses questions, elle demanda à Clarisse s'il lui était bien connu.

— Oui et non, mademoiselle, c'est un homme qui aime peu à fréquenter ses voisins, il est fier ; ce doit être un carliste ; croiriez-vous qu'Eugène lui a proposé deux fois de l'amener chez le marchand de vin, et qu'il lui a répondu qu'il ne buvait que de l'eau. Eugène, avant-hier, lui dit de le suivre à la barrière, il prétexta son travail pressé, comme si de bons enfans ne pouvaient pas se donner de loisir. Cependant, ce monsieur Louis est si honnête envers tout le monde, si prévenant pour *les dames*, si complaisant, qu'ici on l'aime et qu'on en dit force bien, c'est *un rangé* qui paie exactement le terme, qui se lève avant le jour et qui à neuf heures est toujours rentré. Enfin, on ne lui sait aucune liaison, il va toujours seul et on ne sait plus ce qu'il fait aussitôt qu'il a descendu l'étage.

Clarisse aimait à parler et longuement encore. Nantilde en ce moment ne l'interrompit point ; aucun de ces détails ne lui parut oiseux, elle les écouta avec une attention extrême, pourquoi ? le savait-elle, et que la distance était immense entre elle et cet obscur ouvrier : ce fut plutôt par le desir de le revoir qui s'empara de son cœur, que par la persistance de curiosité, envers M. Eugène, qu'elle promit à Clarisse de revenir le lendemain avec plus d'exactitude.

Elle s'en alla; le chemin à suivre passait devant la chambre de l'ouvrier Louis; un coup-d'œil furtif y fut lancé en passant; car la porte en était ouverte... Le jeune homme debout, devant une table à la Tronchin qui, par son luxe, contrastait singulièrement avec la mesquinerie du reste des meubles, coloriait une gravure placée devant lui. Il apportait à ce tavail une attention extrême; on aurait cru qu'il n'entendait, ni ne voyait rien de ce qui se passait auprès de lui. Cependant, son oreille fut frappée de la marche légère de Nantilde, marche devenue plus sourde à mesure qu'elle approchait de cette porte, et M. Louis tout à coup tourna la tête avec une vivacité significative; la jeune personne en rougit, et comprenant qu'il ne convenait pas de se donner en spectacle, poursuivit son chemin rapidement. Un poids énorme, néanmoins, pesait sur son cœur et lorsqu'elle s'interrogea, elle se répondit avec honte :

— L'âme est un labyrinthe, dont on n'aura jamais un plan assez complet pour en reconnaître tous les recoins secrets; il y a des profondeurs ou notre vue ne peut descendre et des inspirations que toute notre volonté ne peut détourner de l'élan qu'elles ont pris.

Ce jour-là Nantilde fut sérieuse, distraite, préoccupée, voyant malgré ses efforts, debout devant ses yeux, le fantôme du coloriste d'image... Un ouvrier... elle s'en indignait; mais il était si beau, il y avait tant d'harmonie dans son ensemble, qu'il commandait impérieusement cette admiration respectueuse que le beau inspire toujours, sous quelque forme et à quelque place qu'il nous apparaisse. Nantilde séparait le type du gracieux, de la matérialité de l'homme. Louis était pour elle, artistique, un vrai modèle à peindre. Quant au manœuvre, vivant du travail de ses doigts, elle ne le remarquait pas.

Le jour suivant une occupation que l'on ne pouvait quitter, la retint plus tard que la veille, aussi Eugène était-il encore parti; mais peu importait à Nantilde, car elle avait retrouvé, dans le corridor, M. Louis, qui la salua avec sa grâce accoutumée, et qui parut heureux de la bienveillance mise à lui rendre sa politesse; il demeura dans la position où Nantilde l'avait déjà vu, et au retour de celle-ci, il osa se lever, et, venant dans le corridor, se permit de la suivre d'un regard enflammé jusques au moment où elle descendit l'escalier dérobé.

Ceci fut pris pour de l'insolence, Nantilde s'en courrouça, son indignation fut d'abord véhémente; puis, insensiblement, elle diminua, et la promesse que Nantilde s'était faite, de ne pas remonter le troisième jour aux mansardes de l'hôtel, fut oubliée lorsque l'aurore reparut.

Mais avant le moment de se livrer à cet acte de faiblesse, une autre attaque, non moins vigoureuse, quoique indirecte, avait été livrée à la faiblesse de son cœur. Clarisse, dès qu'elle fut venue dans la chambre de sa maîtresse, s'était empressé de lui dire :

— Si mademoiselle ne se fâchait pas, je lui raconterais une particularité amusante.

— Qu'est-ce ?

— Je n'ose le dire ; c'est gai, mais c'est insolent.

Un instinct qui se développa soudainement dans l'âme de Nantilde, la mit presque (ces dernières paroles prononcées), sur la voie de deviner ce que Clarisse voulait lui conter; elle baissa la tête en la détournant, afin de ne pas laisser apercevoir qu'elle rougissait, et s'adressant à la soubrette :

— Oh! comme je te punirais, dit-elle, si je me refusais à entendre ton récit qui, certes, ne me récréera guère.

— Si mademoiselle veut se marier, j'ai un parti à lui proposer.

— A moi?

— A mademoiselle, et pour la mettre en présence de ce futur mari, il ne sera pas nécessaire de sortir de la maison.

Le pressentiment de Nantilde se réalisa.

— Quelle folie! et qui, s'il vous plait, veut de moi?

— Oh! un grand seigneur, un milliónnaire, qui a par centaines, des hôtels et des chevaux dont les domestiques formeraient, en cas de besoin, une compagnie de la garde nationale, le coloriste Louis enfin, mon voisin de là haut... Mais, mademoiselle, est-ce que cela ne vous fait pas rire? vous êtes sérieuse; il ne faut pas vous fâcher pour si peu de chose, l'amour d'un ouvrier à votre égard, est un pur badinage, et quoique celui-là soit un superbe garçon, je sais bien que c'est trop *canaille*, pour que vous puissiez souffrir son insolence; mais dame! c'est que dans la mansarde, ils disent que nous sommes tous égaux.

Le bavardage accoutumé de Clarisse convenait dans cette rencontre à Nantilde, non moins que l'erreur où sa femme de chambre tombait, en la supposant blessée de l'audace de l'ouvrier. La nouvelle ne lui avait causé que de la surprise, et en arrière, une sorte de satisfaction douloureuse; elle se complaisait dans la pensée de ce nouveau triomphe, auquel elle attachait une importance que sa raison aurait dû désavouer, et dans la crainte que Clarisse n'osât plus rien dire sur ce sujet, elle prit un air enjoué et souriant tandis qu'elle parlait.

— Je ne me blesse point, dit-elle, parce

qu'on me trouve aimable. Si ce garçon a rencontré en moi ce qui lui plaît, je ne peux que lui en être reconnaissante.

— Oh! puisque vous êtes bonne enfant là-dessus, reprit Clarisse enchantée, je vous raconterai tout de point en point. Hier, lorsque vous fûtes descendue, voilà que lui vient à moi. — Bonjour, mademoiselle. — Votre servante, monsieur Louis. — Vous êtes sans doute fort occupée? — Oh! pas beaucoup; car Dieu merci, je ne suis pas seule à l'hôtel. — C'est une de vos compagnes, qui vient de descendre tout à l'heure. — Je le voudrais, M. Louis, car je serais une grande dame. — C'est donc une personne de distinction; il est vrai que son air l'annonce. — C'est ma maîtresse, mademoiselle Nantilde Marsail. — La fille de notre propriétaire, elle est belle comme un ange!.... — Et il a dit cela, mademoiselle, avec une action et avec un feu dans ses yeux!... — Vous la trouvez donc jolie?—Ah! plus encore, elle est ravissante! — Prenez garde d'en devenir amoureux, elle ne montera pas si haut pour chercher son mari. —Je le sais bien, a-t-il répondu avec une mine si triste que j'en ai eu de la peine ; aussi, je n'y songe guère , mais j'exposerais ma vie pour la seule satisfaction de l'obliger... Puis il est parti de là pour me questionner sur vos habitudes, sur ce que vous faisiez, où vous alliez ; il n'a pas déparlé pendant une grande heure; et si la cloche d'appel ne se fût fait entendre, il est possible qu'il m'eût retenu là jusqu'à la nuit.

Nantilde écouta avec une attention extrême, et ne répondit rien à Clarisse.

—J'ai peur, dit celle-ci, que vous ne vouliez plus voir Eugène.

—Pourquoi ne le verrais-je pas? je monterai aujourd'hui plus à propos, je te l'assure.

— Et vous passerez devant M. Louis?

— Il le faut bien, c'est ma route.

— Vous le trouverez en sentinelle pour vous saluer à propos.

— Ce sera un acte de politesse.

— Il faut convenir qu'il est mieux élevé qu'Eugène, il parle comme un livre; puis il marche si droit; il ne se dandine pas, il est toujours tiré à quatre épingles; c'est dommage qu'il ne soit pas noble, ou qu'il n'ait pas cent mille livres de rente.

Ici la conversation finit....

Deux mois après, Nantilde aimait l'ouvrier Louis, de toutes les facultés de son âme, en réciprocité de la violence de la passion qu'elle lui inspirait.

Il faudrait commencer par réfléchir.

En amour on ne devient raisonnable, que lorsqu'il n'est plus temps de l'être.

Recueil de maxime.

IV.

C'était dans la chambre de Clarisse, dont Nantilde avait une seconde clef, que celle-ci assise dans un méchant fauteuil de canne, et un mouchoir à la main, se couvrait le visage afin de dérober en partie l'abondance de ses pleurs. Debout, devant elle, le front pâle, les traits renversés, les yeux en feu et le corps immobile, Louis manifestait encore plus de colère que de douleur.

— Et tu m'abandonnes, disait-il, et tu me sacrifies au premier venu, à un homme qui ne possède ni ton amour ni ton estime; tu te maries, enfin?

— Suis-je ma maîtresse? mes parens me commandent. Pouvons-nous espérer qu'ils nous uniront ensemble? Non, Louis, c'est impossible, pourquoi s'en flatter; je suis malheureuse autant qu'on peut l'être; veux-tu que je meure? soit, j'y consens, tue-moi...

— Je n'exige de toi qu'un seul acte, non un crime; mais une volonté fortement exprimée, un refus ferme, et tout sera dit.

— J'ai..... j'ai refusé, répartit en hésitant la jeune fille.

—Tu m'en imposes, lui fut-il répondu avec dureté; non, tu n'as manifesté ni ton mécontentement, ni ton aversion ; tu as cédé, parce que tu manques d'amour, parce que tu es une franche coquette.

— Ah! Louis, est-ce que je mérite ces reproches? ai-je été intéressée, en t'aimant?

— Il est vrai que je suis un misérable ouvrier, un vil prolétaire, un homme enfoncé dans la boue du mépris des riches; que mon indignité présente, qui consiste à vivre avec honneur de mon travail, me place bien au-dessous d'un riche fripon; car je ne sais quel est ton mari futur : non, je ne le connais, ni ne veux le connaître; son nom ne m'en a rien appris.

Et Louis pesait sur ces derniers mots avec une insistance peu commune. Nantilde ne le comprit point, embarrassée qu'elle était à concilier sa passion pour Louis, avec son orgueil à satisfaire, qui l'appelait à prendre Raymond pour son époux. Elle avait trop les idées du jour pour déchoir dans l'opinion publique, au plus bas degré, en manifestant les sentimens auxquels, sous le voile du mystère, elle s'était livrée en faveur de Louis. Un tel aveu aurait été suivi d'une huée si universelle, que la vanité de son âme en frémissait. Elle acceptait donc un mari qu'elle ne chérirait jamais, et renonçait à un amant dont elle était tendrement éprise. Le combat, malgré la violence, ne pouvait être incertain, l'amour-propre, quoiqu'on en dise, ayant plus de puissance que l'amour.

Une explication était devenue nécessaire, Nantilde comprenant l'impossibilité de se marier dans la maison, et de le cacher à son amant. Elle avait donc entamé ce chapitre pénible, et l'indignation de Louis y avait répondu, non pas avec cette vulgarité d'expressions trop ordinaire à ceux de la caste, mais en termes relevés, en tournures de bonne compagnie, fort en contraste avec sa profession, et la simplicité de ses vêtemens.

Nantilde, depuis le premier jour de leur liaison, s'était étonnée de voir à Louis ces manières relevées et ces habitudes d'un autre monde, et avait peu après manifesté sa surprise.

— Je suis l'enfant de mes œuvres, avait répondu Louis ; la nation m'a fait ce que tu vois. J'ai eu du dégoût pour la vie débauchée ; j'ai vécu seul, et au lieu de perdre mon temps en des parties avec des hommes mal élevés, je suis resté chez moi à lire et à réfléchir. Voilà mon histoire.

Et il avait changé de discours. Depuis lors, chaque rendez-vous décela en lui quelque chose de plus distingué encore, et ce fut ce mérite positif qui détermina insensiblement mademoiselle Marsail à faire l'aveu de sa faiblesse. Louis en eut de la satisfaction; mais ne traita jamais ce point avec elle. Et si dès lors il mit de la grâce et de la délicatesse dans ses rapports avec Nantilde, ce ne fut point par calcul, mais en conséquence de sa façon de penser et de voir.

Il aimait avec chaleur, avec d'autant plus de véhémence, que sa vanité se trouvait contente du triomphe qu'il ne devait qu'à lui seul. Combien devait-il s'enorgueillir d'avoir obtenu par sympathie seule, par entraînement irrésistible, et point par séduction, la conquête d'une jeune personne que la fortune et ses avantages personnels rendaient le point de mire des soupirans de la plus haute volée. Ils la courtisaient en vain, tandis que lui, obscur et perdu dans la foule, y était cherché et encouragé par des regards pleins d'abandon.

Mais plus il était enivré des délices d'une félicité si douce, moins il pouvait supporter l'infidélité réfléchie de sa maîtresse. Cet amour jusque-là le consolait de ses malheurs passés, de sa situation présente, et désormais il se retrouverait seul et cruellement délaissé. Il aimait, c'était son tort ; pauvre jeune homme, qui se persuadait que beaucoup d'amour tenait lieu de tout, qu'avec lui on pouvait renoncer aux frivolités du monde, au luxe, à l'éclat et à ces tourbillons étourdissans que l'on nomme plaisir, et auxquels on sacrifie les vrais délices du cœur! Il entendait Nantilde lui déclarer froidement qu'elle passerait bientôt sous l'empire d'un autre, et que sa tendresse ne lui suffisait plus.

Long-temps il lutta contre cet aveu funeste, il tenta de ramener la jeune insensée à de meilleurs sentimens; ce fût en vain, elle pleura, lui prodigua de fausses caresses, l'assura qu'elle n'aimerait jamais que lui, mais demeura inébranlable en ce qu'elle appelait de la soumission à la volonté de ses parens.

— En vérité, dit Louis en donnant à sa physionomie une expression sardonique, vous vous avisez un peu tard de ce devoir à remplir, ne pouviez-vous y songer lorsque vous avez fait la faute de me donner votre cœur? Mais non, vous cédiez à la vivacité d'un caprice, et, lui satisfait, votre flamme a disparu.

La justesse de ce reproche frappa fort, et fit rougir Nantilde; un mouvement de dépit, un besoin de vengeance spontanée naquit en elle, et se levant :

— Vous avez raison, dit-elle, de m'adresser ce reproche, ce n'est pas d'aujourd'hui que je suis coupable, je le suis du jour où je vous ai trop écouté; ce n'était pas de vous que j'en attendais le châtiment; adieu; oui je vous ai aimé, je le confesse, et mon supplice est maintenant dans mon repentir.

En achevant ces mots elle se dirigea vers la porte, mais Louis s'élançant avec impétuosité, l'empêcha de sortir, se mit à genoux, et élevant les bras dont il entoura sa taille :

— Pardonne! pardonne, dit-il, à un malheureux qui perd sa dernière illusion, à qui rien ne restera pour le consoler sur cette terre, et qui des cieux où tu l'avais fait monter, retombe dans les horreurs de la réalité. Oh! Nantilde, ne regrette pas l'amour dont tu m'as comblé; que du moins à l'instant que tu y renonces, il demeure en toi comme un doux souvenir.

Nantilde d'abord combattue entre l'offense qui l'avait blessée et sa faiblesse trop puissante, hésitait sur la réponse à faire, sur la conduite à tenir, mais à mesure que Louis s'énonçait avec cette chaleur de l'âme que l'homme indifférent n'imite pas, sa colère disparaissait rapidement et elle se retrouvait telle que jadis elle avait été au moment où, emportée par le désordre d'une passion impétueuse, elle avait oublié l'univers pour ne voir que son amant Sa figure reprit son expression caressante, et ses bras relevés, se baissant mollement, entourèrent le col de Louis, et l'étreignant avec délire, le soulevèrent, et tous les deux alors se crurent aimés et heureux.

Ce fut la durée d'un éclair, l'abandon d'un instant de volupté. Il ne fallait pas moins rompre des nœuds dont on ressentait la force, et Nantilde, bien qu'elle idolatrât Louis, était loin de consentir à devenir la femme d'un simple ouvrier. Un mot qui lui échappa ramena la tempête apaisée, une nouvelle scène d'amertume recommença. Louis enfin se résolvant à consommer le sacrifice, et trouvant de l'énergie dans son irritation, ouvrit précipitamment la porte, s'élança dans le corridor et courut à sa chambre où il s'enferma à double tour.

Nantilde n'avait pas le désir d'aller à sa recherche, accablée sous le poids de ses injures véhémentes, mécontente de sa propre conduite non cause de sa déloyauté, elle demeura pendant plusieurs minutes debout et comme anéantie, puis suivant le conseil d'une résolution subite elle se retira dans son appartement, et dès ce jour, ne remontant plus dans les mansardes, tout commerce fut interrompu entre mademoiselle Marsail et l'ouvrier coloriste Louis.

Nouveau Personnage.

La propreté du corps est inséparable de la netteté de l'âme.
Recueil de Maximes.

V.

Eusèbe de Molène frappa une seconde fois avant d'avoir aperçu la sonnette qu'il saisit à son tour, qu'il agita en grand carillon ; alors quelqu'un marcha dans l'intérieur de la chambre et se mit à dire par le trou de la serrure :

— Il est donc interdit de ne pas être chez

soi, lorsqu'il plaît à un indiscret de venir y faire du tapage sans mesure?

— C'est qu'il y a des années que cet indiscret n'a vu et embrassé son ami, ce qu'il brûle de faire maintenant qu'il se trouve aussi près de lui.

— Mon ami? je n'en ai pas.

— Cela te plaît à dire, tu en as un en moi; ouvre donc; ton oreille a moins de mémoire que la mienne, mon cher Dumar, puisqu'elle a perdu le souvenir du son de voix d'Eusèbe de Molène.

— Toi, grand-Dieu! serait-ce vrai....

Un bruit de clef se fit entendre et l'assiégé tarda peu à se précipiter dans les bras de celui qui lui parlait.

—Oh! dit-il en continuant, je t'en conjure, pardonne moi, je ne suis pas aujourd'hui calme et tranquille; bouleversé au fond de mon âme, je cherchais un remède dans la solitude... Mais ta présence me fera encore plus de bien.

— Je voudrais qu'elle fût pour toi l'étoile d'espérance. Oh! Dumar, que de jours se sont écoulés depuis notre séparation !

— Il y a huit ans que nous étions ensemble, et depuis chacun de nous a fait son chemin... à sa manière, ajoute-t-il en soupirant, tandis qu'il riait; contraste étrange, et qui annonçait la lutte de la vanité et de la résignation.

— Tu es trop jeune, repartit Eusèbe, pour fermer décidemment ta carrière; il y a encore de l'avenir dans ta vie et je suis venu pour t'aider à recommencer sur nouveaux frais.

— Grand merci, Molène, et certes de ta part ce sera une belle œuvre, car tu ne me dois rien, tandis que mes parens... Tu as vu Raymond?

— A mon arrivée; je savais où le prendre.

— T'a-t-il conté sa conduite abominable envers moi?

— Il faut oublier le passé.

— Tu me demandes trop. Raymond n'avouera point qu'il m'a poussé par jalousie, au milieu des désordres qui m'ont perdu; peut-être s'est-il vanté de l'aumône honteuse qu'il a voulu me faire, des places avilissantes, à l'aide desquelles il espérait me dégrader, mais tous ses torts ne sont pas là; celui qui m'irrite le plus est involontaire de sa part, et néanmoins je ne le lui pardonnerai jamais.

— Ainsi, reprit Eusèbe, moi qui ne suis venu à Paris que pour vivre avec vous deux, il me faudra aller seulement de l'un à l'autre.

— Je me suis mal expliqué, reprit le jeune Dumar, si je t'ai laissé croire que je me refusais à le voir; non, ma haine saura mieux se contraindre, je le rencontrerai partout où il se présentera à moi sans lui manifester le mépris que je lui porte; je suis homme à ne refuser ni ses embrassemens ni ses invitations.

— Voilà parler comme il faut, et c'est avoir de la raison que de cacher sa rancune; j'espère que tu la perdras insensiblement; Raymond d'ailleurs est ton parent, et malheur, souviens-t'en bien, aux familles divisées.

Dumar se remit à sourire, puis dit:

—Mon très cher cousin est bien convaincu de la sagesse de cet axiôme; c'est un ladre, un ambitieux.

—Il est ce qu'en général on est aujourd'hui, depuis le plus haut assis, jusqu'à l'humble prolétaire. L'argent est l'idole de tous, et le besoin de l'importance est la seconde plaie de l'époque; ceci une fois accordé, pourquoi se roidir contre cette impulsion universelle?

— Il est vrai.

— Pourquoi vouloir être pauvre, lorsque l'on peut devenir riche?

— Ah! c'est une folie, j'en conviens.

Et Dumar en répondant ainsi, le faisait avec

un air de distraction qui prouvait le combat intérieur qu'il se livrait à soi-même.

— Te voilà, lui dit Eusèbe, comme je te voulais, sage et soumis. Maintenant que je peux compter sur toi, écoute ma proposition, mais avant encore, réponds à une ou deux questions que je vais t'adresser.

— A tant que tu voudras, je deviens philosophe, je suis capable de descendre jusques à la doctrine.

— Si telle est ta pensée, tu rendras ma tâche plus facile, et tu seras sauvé plus par toi que par moi.

— Ce matin encore, reprit Dumar, je dédaignais les richesses, et depuis une heure elles me sont devenues nécessaires, et lorsque tu m'es apparu, je rêvais aux moyens de m'en procurer. Mais tes questions?

— Ce que tu viens de dire les rend inutiles. Je voulais par des préparations t'amener où déjà tu allais, voici maintenant ce qui me reste à t'apprendre. Je possède de très grands domaines et j'ai de beaux revenus sur les fonds publics, je suis noble et j'ai de l'influence dans ma province. On me ménage parce qu'on voudrait me gagner, m'acheter serait difficile. Je sais qu'on y suppléera par des cajoleries de tout genre, par des offres de service, je les prendrai au mot, non pour moi, mais à ton intention, et une place supérieure dans Paris te sera accordée.

—On te la refusera, à mon nom prononcé.

— Serais-tu républicain ou carliste ?

— Je suis pauvre, et aux yeux de nos gouvernans, la pauvreté est une tache irrémissible.

— J'en conviens, cependant je peux encore parer à cet inconvénient, je te ferai riche.

— Et je n'accepterai pas ; j'ai quinze cents

francs de rente, je suis jeune, j'aime le travail: voilà le nécessaire, et je serais coupable d'accepter le superflu, même d'un ami.

—Cette délicatesse t'honore; songe pourtant que je ne suis pas marié, que je ne me marierai pas peut-être, que je peux faire beaucoup pour toi, sans diminuer trop ce que je possède.

— N'importe, j'accepte *ta protection*, et Dumar pesa sur ce mot; que ce soit tout.

— Du moins, consens à être compté en apparence parmi les heureux du jour: feignons qu'une circonstance inattendue, la mort d'un abbé, ton parent, qui a décédé aux Grandes-Indes, t'a subitement enrichi par là de trente mille francs de rente, je me dirai l'exécuteur testamentaire, et tu renverras à moi pour les renseignemens. Nous logerons ensemble, mon luxe réel se confondra avec le tien prétendu; on donnera dans le le piège et lorsque tu tiendras ton emploi, ta manière simple de vivre passera pour de l'économie, on ne t'en saura que bon gré et si tu pouvais descendre jusques à la lézinerie, tu conquerrais alors l'estime de tous.

— Soit ; fais selon que tu le désires, répondit Dumar avec gaîté, jouons la comédie suivant l'exemple des acteurs de quinze ans, il sera parfait de les surprendre à l'aide de leurs propres ruses.

—Tous entreront tête baissée dans le piège; les trompeurs sont ordinairement faciles à être joués; car pendant qu'ils tendent leurs filets, ils ne songent guères qu'on puisse employer contre eux les mêmes armes. . . . ne perdons pas de temps, viens avec moi te préparer à ton nouveau rôle.

—Je le jouerai sans peine; je serai fier, insolent même, et nul ne doutera que je ne me sois enrichi. Des dehors froids, un sourire dédaigneux, une parole brève, font pour le vulgaire un grand seigneur, un homme d'or ou de mérite : j'ajouterai même qu'à force d'avoir une haute opinion de soi-même, on finit par l'inspirer aux autres... Je regretterai pourtant cette cellule où j'ai passé des momens heureux depuis ma chute financière, où j'ai dormi d'un plein somme, tandis qu'auparavant des nuits agitées succédaient à des jours tumultueux : oui, j'ai eu ici de doux dédommagemens de ma misère, des heures de bonheur.

— L'amour vrai est donc entré pour quelque chose dans cette portion de ta vie ?

— L'amour vrai, non, mais seulement un fantôme formé à son image. Quoiqu'il en soit, dit Dumar en accompagnant ces paroles d'un nouveau soupir, je regrette ma chambre et cela au point que je n'y renonce pas, je la conserverai.

— Comme ce berger qui devenu ministre d'un roi, gardait en manière de trésor ses vêtemens champêtres.

— Ce ne sera pas une cause aussi éminemment philosophique qui me guidera. Il y a dans mes résolutions plus de l'homme, que de l'esprit.

— Tout ce que je souhaite, c'est que la destinée ne t'y ramène pas une autre fois.

— Oh ! pour ceci, répondit Dumar en serrant avec force les mains de son ami dans les siennes, je te promets que tu ne le verras point arriver. On peut quand on le veut bien, quand on consent à faire abstraction de toute morale publique et privée, se cramponner solidement à la roue de la fortune ; j'ai des ongles forts, ils sauront m'y soutenir.

Eusèbe de Molène comprit qu'un sentiment particulier entraînait Dumar à tenir ce langage, qui paraissait contradictoire avec le jeu de sa belle et franche physionomie et avec le désintéressement qu'il venait de mettre à refuser les dons qu'il avait voulu lui faire, il ne crut pas convenable de lui arracher son secret par des questions directes ou insidieuses et se contenta de le presser de s'en aller avec lui.

Ils sortirent peu après, et Eusèbe conduisit son ami dans l'hôtel somptueux qu'il occupait, rue du Bac; il l'instruisit pendant la route avec plus de détail du projet qu'il exécuterait dans son avantage. Dumar le remercia avec chaleur et consentit à accepter à titre de prêt les fonds qui lui devenaient nécessaires pour simuler sa nouvelle splendeur.

Dès que Dumar eut pris possession de l'appartement que Molène lui désigna, dès qu'il se fut enquis aux domestiques de celui-ci des usages de la maison et qu'il leur eut demandé de lui procurer les deux valets dont il avait besoin, il prit congé de son ami et marcha d'un pas rapide vers la rue Cassette où il arriva presque haletant. Il s'approcha d'une porte extérieure qu'il ouvrit au moyen d'un passe-partout, et avec une nouvelle vivacité monta jusqu'au quatrième étage.

Il y avait là, en face de l'escalier, deux chambres de dimension médiocre et modestement meublées. La première divisée en deux parties à l'aide d'un vieux paravent, servait de cuisine et de passage pour arriver à la seconde, remarquable par la blancheur du lit, des rideaux, et par ce vernis de propreté qui milite si puissamment en faveur du propriétaire. Celui-ci était une jeune personne âgée d'environ dix-huit ans, jolie, simple, gracieuse : elle avait les yeux bleus et les cheveux blonds, une taille élancée, des formes charmantes et prenant plus d'éclat d'une peau moelleuse comme de la soie et colorée gracieusement d'une teinte rose que le pinceau d'un artiste habile a tant de peine à copier. Les mains blanches, délicates, potelées, le pied souple, effilé et mignon complétaient cet ensemble si attrayant. Il était rehaussé encore par un air de candeur spirituelle, de bonhomie en dehors de toute futile niaiserie. La bouche admirablement coupée à la grecque, ainsi que le nez au profil pur, s'ouvrait avec un charme inexprimable pour montrer des dents d'un bel ivoire et merveilleusement rangées. Le sourire était celui d'un lutin folâtre et les regards ceux d'un ange, tant ils avaient à la fois d'innocence et de fierté.

Cette créature si parfaite, du moins en apparence, et je dois dire que son intérieur répondait à des dehors si séduisans, accourut avec vivacité à l'appel de la sonnette, et ayant ouvert, accueillit avec un tendre intérêt celui qui se présentait.

— Est-ce toi! dit-elle, je te vois avec surprise, manquerais-tu d'ouvrage? ce n'est pas l'heure où tu quittes le travail pour venir à moi.

— Qui parle de travail, répondit Dumar avec un mépris affecté, à un homme riche aujourd'hui de trente mille francs de rente ou pour mieux dire, qui les a sans les avoir, qui en jouira en apparence et qui n'en aura pas moins les avantages de la réalité.

— Je ne sais pas deviner les énigmes, répartit la jeune fille, et celle d'ailleurs que tu me proposes, me semble maintenant bien obscure.

— Quoi? tu n'as jamais entendu parler de ces hommes ambigus, qui ont dans le monde une brillante existence, sans qu'on leur connaisse ni terre, ni revenus, qui font grand bruit et se soutiennent à l'aide de moyens inconnus; ceux enfin qu'on appelle chevaliers d'industrie?

— Louis, Louis, tu rêves, dit la jeune fille en reculant d'un pas, tandis qu'un sombre nuage couvrit son joli front; celui qu'elle interpellait se mit à rire.

— Tu ne veux donc pas admettre que je puisse m'enrôler dans cette ligue des fripons contre les gens de bien; je t'en remercie, et pourtant, ma chère Ombeline, je vais jouer un rôle à peu près pareil, bien innocent toutefois, et dans ce qu'on appelle *le bon motif*. Un ami, car il y en a de par le monde, quoique certains prétendent que le moule en est brisé, un ami, dis-je, qui voulait tout-à-l'heure me donner en réalité ces trente mille francs de rente, me contraint, puisque je les refuse, de feindre qu'ils me sont tombés du ciel. Il prétend par ce moyen et par l'aide qu'il m'apporte, me poser dans le monde, de telle façon que je puisse y faire un chemin rapide. J'étais devenu si désintéressé des choses de la terre et si sage par les conséquences de ma misanthropie forcée, que je me serais peut-être refusé à son désir de m'obliger, deux causes m'ont décidé à lui céder, ton avenir d'abord que je ne peux assurer que de cette manière et puis.... Mais ceci est mon secret; oui, ce sont lettres closes que je ne me permettrai pas d'ouvrir devant ta candeur.

La jeune fille écoutait, écoutait avec une surprise toujours croissante; sa vertu sévère ne concevait pas trop encore si tout cela pouvait s'accommoder avec les règles d'une probité rigoureuse. Dumar accoutumé à lire dans cette âme si pure, devina ce qui l'embarrassait, et reprenant le fil de son discours qu'il avait suspendu pendant quelques secondes, raconta l'apparition imprévue d'Eusèbe de Molène, ses propositions généreuses et tout ce qui avait eu lieu dans cette matinée. Ombeline, à mesure que cette franche explication avait lieu, rentrait dans sa sérénité ordinaire, et quand Dumar eut fini, elle jeta ses bras autour de son cou, et avec une tendre effusion se mit à dire :

— Ah! Louis, j'ai besoin d'avoir pour toi, autant d'estime que de tendresse.

— Et je ne cesserai jamais de les mériter toutes les deux également : tu es mon gardien, chère Ombeline, mon palladium qui me sauvera toujours ; j'ai trop commis de fautes, j'ai eu trop de faiblesses ; j'ai si cruellement exposé ton bonheur et ta part dans les délices de la vie...

— Pourquoi te reprocher des torts envers moi, tu ne me connaissais pas, tu ne pouvais savoir si une autre existence me serait nécessaire ; d'ailleurs alors tu étais fou, maintenant tu es raisonnable.

— Je ne le suis pas encore, fut-il répondu mélancoliquement, ma fièvre, mon délire, comme on voudra appeler l'ivresse qui m'assiège à pris une autre route et m'entraîne vers un autre but ; non , je ne suis pas digne de tes éloges, l'homme est faible et je le suis plus que tous mes frères.

— Hélas! repartit Ombeline, le plus sage de nous ne se nourrit que de mensonges; tu me l'as dit, nous allons dans la vie au gré de nos fantaisies, en poursuivant des illusions... et ta chanson sur ce thème, je ne l'ai pas oubliée : viens, continua la jeune fille, en saisissant la main de Dumar, qu'elle amena vers un piano qui ornait un côté de la chambre, je veux que tu l'entendes, et aussi les variations avec lesquelles je l'accompagne :

LES ILLUSIONS *(Romance)*.

Oui, voyageur fatigué
Je vais droit à la chaumière
Où veille cette lumière;

Que je vois depuis le gué.
A sa lueur consolante,
Déjà ma course est moins lente,
Et d'une fièvre brûlante
Je ne sens plus la rigueur;
Du repos j'ai l'assurance
Et cette douce espérance
Me rend toute ma vigueur.

Comme moi, tous les humains
Se hâtent dans leur carrière,
Dès qu'ils ouvrent la barrière
Au but ils tendent leurs mains ;
Une ivresse passagère,
Une étincelle légère,
Une flamme mensongère,
Suffit pour les animer,
Et sur la pente rapide
Chacun d'eux glisse, intrépide,
Tant l'espoir sait les charmer.

Que trouverai-je là bas ?
Ou Pastourelle jolie,
Ou damoiselle polie,

Doux acccueil, rians ébats.
Illusion du bel âge,
Plaisir pur, désir volage,
Qu'à la cour ou au village
A vingt ans on sait trouver,
Que ton voile se déplie,
Berce moi, je t'en supplie,
Mon bonheur est de rêver.

Tous mes frères font ainsi ;
De l'avenir ils disposent.
C'est un rêve qu'ils opposent
Aux revers, au noir souci.
Leur jeunesse brillantée,
Une gloire méritée
Ou leur fortune augmentée
Pare l'horizon vermeil ;
Tous caressent un mensonge,
Et s'en vont de songe en songe
Jusques au dernier sommeil.

Une voix mélodieuse, une expression attachante, un goût exquis et de jolis doigts parcourant avec rapidité les touches du clavier d'ivoire et d'ébène, dont ils savaient tirer des sons harmonieux, formaient un ensemble si séduisant, que Dumar ne put s'empêcher de verser de douces larmes. Il posa ensuite un doux baiser sur le front d'Ombeline.

— Oh! lui dit-il, le succès de toute œuvre de poésie dont le récit te sera confié, deviendra certain; mais il y a mieux, il ne se peut pas que tu ne sois heureuse. Dieu n'a pas créé tant de perfections pour les laisser ensevelies dans une telle obscurité.

— Que me manque-t-il avec toi... je ne désire rien, Louis, rien que ton propre bonheur... ta destinée semble prendre une meilleure voie, dès-lors je ne demande plus rien au ciel.

— Et moi, tout au contraire je ne cesserai de lui adresser des vœux dont tu seras l'objet. Oh! si je peux me démêler de la foule, si je rentre dans le rang dont je suis descendu par ma faute, alors Ombeline...

— Louis, ne formons point de châteaux en Espagne, n'en faisons pas une réalité qui, si elle venait à se dissiper en vapeur, nous coûterait encore trop de larmes.

Un Parent du Roux

Auri sacra fames !
Détestable faim de l'or !
                VIRGILE : Énéide.

VI.

Quelques jours s'écoulèrent ainsi avec leur rapidité accoutumée; le bruit se répandit dans un certain monde du coup du sort qui ramenait M. Dumar en bonne compagnie; c'était chez les Marsail.

— Qui est donc cet heureux monsieur, demanda le général Lurton, je ne le connais pas?...

— Vous avez ici, répondit un demi sapajou, moins ridicule par la petitesse de sa taille et l'exiguité de ses formes, quelqu'un très au fait de cette histoire.

— Qui donc?

— Le marquis de Molène... il est ami de cœur de ce favori de la fortune.

Le général, sans dire rien de poli au sapajou, s'en alla vers Eusèbe, présenté tout nouvellement chez les Marsail, et qui causait avec Raymond.

— Monsieur le marquis, on prétend que vous m'éclaircirez les bruits qui circulent sur le compte d'un monsieur Dumar.

Ce mot prononcé, Raymond prêta une oreille attentive.

— Il me sera bien aisé de vous satisfaire, monsieur le comte, Louis Dumar est mon meilleur ami, et avant peu il sera dans votre alliance.

Un regard du général sollicita l'explication de cette énigme, et un mouvement de Raymond manifesta son dépit contre Eusèbe qui sans y faire attention, dit :

— Il est cousin de monsieur Daclos, bientôt votre neveu...

— Et comment se fait-il, reprit le général, en se tournant vers Raymond, que vous n'ayez pas instruit d'un fait si particulier votre nouvelle famille.

— Par une raison excellente, c'est que j'ignore de quoi il est question.

— Quoi! votre parent recueille un riche héritage...

— Qui?.. lui... Dumar?

Et cette fois les yeux de Raymond s'attachant sur ceux d'Eusèbe de Molène, manifestèrent une curiosité au moins égale à celle du militaire spéculateur.

— Ne vous en prenez, mon cher Raymond, qu'à la picoterie qui depuis quelque temps vous sépare de votre cousin issu de germain, s'il ne vous a point fait part de son changement de position; et comme de mon côté, je n'ai pu vous rencontrer depuis deux ou trois jours, il ne m'a pas été possible de vous en instruire. Monsieur le comte, vous saurez donc qu'une tante éloignée, très éloignée de Louis, et qui de plus habitait les Grandes-Indes, l'a institué son héritier universel pour trente mille francs de rente, elle a voulu que je fusse son exécuteur testamentaire et je suis venu à Paris en remplir les fonctions.

A mesure que de Molène parlait, la figure de Raymond devenait sombre et sa contenance embarrassée; il se mordait les lèvres, et comme pour mieux dissimuler son chagrin, il essayait en même temps de sourire, il en résultait une grimace désagréable, et la facilité de lire dans son cœur à livre ouvert. Le général ne soupçonnant rien, ne s'aperçut pas de ceci. Eusèbe en ressentit une vive douleur; il aurait souhaité à son camarade d'enfance plus de grandeur d'âme et moins de haineuse envie, néanmoins, il cacha ce qu'il éprouvait de son côté ; le général alors se mit à dire :

— Monsieur mon neveu futur, j'espère que vous nous présenterez cet intéressant jeune homme; ma sœur, mon beau-frère, notre oncle, monsieur le pair de France et votre future, la famille entière enfin, nous serons tous charmés de nouer avec lui des relations intimes.

— Nous ne nous voyons plus, répondit Raymond, dont la mauvaise humeur ne put être contenue.

— On vous réconciliera à table; voilà M. le

marquis de Molène qui donnera un dîner à cet effet.

— D'ailleurs, poursuivit Raymond, s'attachant toujours à la même idée, je crois que nous ne tarderons pas à entrer en procès l'un contre l'autre.

— Vous et lui, s'écria Eusèbe étonné.

— Oui, sans doute, reprit Raymond avec chaleur, pensez-vous que je souffre qu'il spolie à lui seul les possessions de notre commune et respectable parente; je prétends entrer en partage, et dès demain je le fais assigner.

— Ah! ah! que dites-vous, demanda Eusèbe, en éclatant de rire, vous aspireriez à la succession qui lui est échue!

— Certainement.

— Et où feriez-vous appeler la cause?

— A Paris.

— Et les domaines situés sur les bords du

Gange, ont été vendus du vivant de ladite dame, et la somme qui en est provenue est au pouvoir de votre cousin.

— Et vous m'avez immolé à son avidité, répliqua Raymond furieux?

— Mon neveu a raison, ajouta le général, il est riche sans doute, mais enfin, quinze mille francs de rente de plus, c'est quelque chose.

— Votre neveu! riposta avec sévérité le marquis de Molène, est un véritable insensé à qui l'amour de l'or fait perdre la tête. Quels droits aurait-il à la succession d'une arrière-parente qui aurait vécu et qui serait morte sur les terres soumises à la domination anglaise, dès que cette dame aurait fait un testament régulier? Aucun, et il le sait bien; et si en outre, cette dame, au lieu d'appartenir au rameau de famille qui le rattache lui-même à M. Dumar, sortait de la famille maternelle à laquelle Raymond est complètement étranger, ne serait-il pas mille fois plus en dehors de ses espérances? Enfin, si cette succession ne pouvait être soumise à l'action d'aucun code, si le nom de la personne devait, d'après son ordre, demeurer inconnu, sur quelle base Raymond assiérait-il son procès? sur une illusion, sur du sable... Je lui pardonne un premier mouvement inspiré par des idées du jour; mais s'il y persistait, il y aurait trop d'odieux dans ce ridicule.

Raymond, à cette austère répartie, recommença à se mordre les lèvres, il rougit et pâlit tour à tour, et comme il ne manquait pas de sens, il ne put se dissimuler qu'une démarche tellement insolite le ferait siffler aux quatre coins de Paris; prenant donc son parti en brave :

— Je vois, dit-il, que l'amitié a deux poids et deux mesures; vous êtes prompt à m'abandonner, Eusèbe, et à passer dans le camp ennemi pour une plaisanterie...

— Si cela en est une, répliqua le marquis en l'interrompant, je me reconnais coupable, et vous prie de ne pas m'en vouloir ; il faut, à votre tour, dépouiller toute rancune, et comme l'a proposé si libéralement le général comte Lurton, sceller à table chez moi votre réconciliation avec Louis.

— Oh! il m'en voudra toujours.

— Prenez garde qu'en vous exprimant ainsi vous me fassiez penser que les torts ne sont pas de son côté... Allons, mon ami, un bon mouvement... demain, tous les trois, nous dînerons ensemble, et si M. le Général veut être des nôtres....

— Moi, très volontiers ; j'aime la table, la gaîté, j'y chante la chanson, non pas le livre de Béranger, c'est du séditieux ; je suis pour le Désaugiers, il n'y a là que de la polissonnerie, c'est beaucoup plus moral.

C'était la première fois, depuis la présentation solennelle, que le marquis de Molène venait dans la maison Dumar. Son haut rang, ses biens dont on grossissait l'étendue, et ses avantages personnels, lui assuraient un accueil privilégié, que ne diminuait pas sa qualité avérée de partisan de la légitimité ; on lui avait donné ce jour-là, à dîner, la place d'honneur entre madame Marsail et Nantilde.

Raymond lui avait tant parlé de l'amour que sa future ressentait pour lui qu'il la vit avec surprise, silencieuse, agitée et ne cherchant jamais de ses yeux remplis de tendresse ceux de son prétendu ; tout au contraire elle évitait ses regards et semblait éprouver de l'impatience lorsqu'il l'approchait pour causer avec elle.

— Allons, se disait Eusèbe, il en sera de cette passion, comme il en est du désintéressement et du peu d'ambition de mon cher condisciple ; il est malheureux pour lui de voir faux en dehors et en dedans de soi.

Il revenait encore *in petto* sur ce texte, lorsque Daclos lui dit, en l'entraînant dans un angle du salon :

— Je suis encore à m'accoutumer à cette fortune qui tombe des nues sur Dumar ; mais d'où lui vient-elle ? ne me l'apprendrez-vous pas ?

— C'est son secret et non le mien, j'en suis dépositaire, et dans cette fonction, il ne m'est permis de révéler que ce qu'il lui plaira de communiquer à tout le monde.

— Le voilà de nouveau en mesure de faire des sottises, et il en fera.

— Et l'expérience !

— Bon, la belle folie ! l'expérience dont on parle beaucoup et sur laquelle on fait tant de phrases, n'est en réalité qu'une chimère. Louis recommencera son ancien train de vie, il jouera, se ruinera en dépenses extravagantes ; je ne lui en donne point pour quatre ans.

— Il m'a dit avoir de bien autres idées; il veut fréquenter le grand monde, aller à la cour, solliciter une haute place : il a de l'argent, il peut parvenir.

— Oui, si on le sait riche on l'épaulera...... je le rencontrerai partout.

— Non, si comme vous me l'avez dit d'abord, vous vous renfermiez dans une solitude philosophique.

— C'est mon goût sans doute, mais me voici prêt à porter de douces chaînes, à être père de famille; alors puis-je tenir en pleine retraite ma femme. Le monde et de grands patronages seront nécessaires à mes enfans.

— Que leur souhaitez-vous? lorsque vous aurez uni vos terres à celles que vous apportera mademoiselle Marsail, pouvez-vous espérer une augmention de fortune?

— Mon Dieu! je vais dépenser effroyablement; un état de maison ! c'est immense, et alors il faut bien suppléer à l'insuffisance des revenus par un morceau de budget tant de gens y mangent de si bon appétit que l'envie de les imiter prend aux autres... et vous, persisteriez-vous à demeurer les bras croisés, lorsque le château vous tend les bras ? Laissez-vous y conduire, nous nous y soutiendrons mutuellement.

— Je crois vous avoir dit que dans le théâtre du monde, le rôle de spectateur me paraît préférable à celui d'acteur ou de comparse; il ne me plairait point de monter sur la scène pour me faire siffler.

— Louis n'aura pas, selon vous, cette crainte..

— Que vous non plus ne partagez pas ; mais changeons de propos : vous convient-il qu'à la chaude j'engage votre beau-père pour demain.

— Tout comme il vous plaira. L'oncle général suffit; si néanmoins vous voulez faire aux Marsail cette politesse, ce ne sera pas moi qui vous en détournerai. D'ailleurs puisque par la force des choses il faut que je revoie mon cousin, il vaut tout autant que dès la première fois, je le lance au milieu de ma nouvelle famille.

Le marquis de Molène, appuyé de l'assentiment de son ami, s'avança vers l'ancien négociant, et lui demandant pardon de l'invitation peu cérémonieuse qu'il allait lui adresser, l'instruisit de ce qui venait de se passer, du dîner improvisé à court terme et des motifs qui le faisaient hâter, et l'engagea à en prendre sa part en la compagnie de son beau-père et de son gendre.

Monsieur Marsail accepta avec assez de bonhomie, tout ce qui le rapprochait d'un homme de qualité, lui étant agréable; fait positif dont il ne convenait pas, mais qu'on pouvait deviner aux politesses obséquieuses dont il accablait aux Tuileries les personnages appartenant à l'ancienne cour.

Dubois dont on fait un Ministre.

Souple, riche et rampant, avec ces qualités on parvient à tout.

Recueil de Maximes.

VII.

Dès que le lendemain matin Louis Dumar fut entré dans la chambre d'Eusèbe :

— Devine, dit celui-ci, avec qui je te fais dîner aujourd'hui ?

— Avec Raymond, peut-être.

— Oui, avec lui, son beau-père et son

oncle à venir, le général comte Lurton.

Louis sentant qu'il pâlissait prit son mouchoir et le passa sur son visage; il lui fallut peu de temps pour vaincre un mouvement irréfléchi, et ayant recomposé sa physionomie :

— Il a donc oublié sa haine, il croit donc à ma mansuétude !

— Il cède à la circonstance, à mon désir, aux convenances de la société; tu reparais dans le monde en homme heureux, il se marie, il est naturel que tu viennes à la noce.

— Moi, à la noce ! jamais...

— Voilà une détermination très étrange; tu ne refuses ni de le voir chez moi, ni de vivre politiquement avec lui, et la fantaisie te prend de le fuir le seul jour où l'on s'amusera peut-être. La fiancée au demeurant est charmante, et tu me remercieras de t'avoir procuré le plaisir de lui rendre tes hommages.

Quelque chose d'ardent, de malicieux, d'infernal même brilla et s'éteignit spontanément dans les yeux de Dumar; il voulut parler, ses lèvres se refusèrent à exprimer sa pensée, il se tut un instant, et comprenant combien ce silence prêtait aux conjectures.

— Je n'aime pas, dit-il, ces sortes de fêtes, j'y suis mal à mon aise, surtout depuis que j'ai formé le dessein de vivre seul.

— C'est un vœu fait à l'amour, dont avant quelques années, lui-même prendra soin de te relever. Tu en feras d'ailleurs à ta fantaisie, tu viendras servir de Paranymphe à ton cousin, ou tu demeureras dans ton antre; le fait au fond ne vaut guère la peine de s'en occuper, j'ai d'ailleurs en ce moment un tracas bien autrement majeur en tête.

— Qu'est-ce donc? mon amitié ne peut-il l'alléger?

— Cela entre fort dans les attributions de

ce beau sentiment, repartit Eusèbe avec gaîté, et j'éprouverai un soulagement véritable, rien qu'à déposer dans ton sein le souci qui me ronge. Apprends.... ne t'en étonne pas, qu'à mon départ de Montauban, plusieurs dames abusant de mes offres de service m'ont remis le soin de faire réparer divers châles de l'Inde, à qui le service a porté un notoire dommage. Je ne sais à qui demander une ouvrière habile, et si tu m'en présentais une, ma reconnaissance serait sans bornes. Eh bien ! ton amitié si parfaite me sortira-t-elle de cet embarras ?

Ce ne fut plus une émotion farouche qui anima en ce moment le visage de Louis Dumar, mais un sentiment de joie concentrée néanmoins.

— Une ouvrière ! répéta-t-il avec lenteur, et qui sache raccommoder les tissus de cachemire... En vérité, mon cher Eusèbe, tu ne te doutes pas que ta requête a été inspirée par la volonté de la Providence; hier ou l'autre jour (et il répéta), une personne que je connais à peine, me remit l'adresse de quelqu'un, homme ou femme, entièrement livré à cette partie majeure, en prétendant que son aiguille faisait des miracles..... je dois avoir quelque part sur moi.... dans mes tablettes cette carte dont tu as besoin... Oui, je la trouverai... Où est-elle?..... (Ses mains tremblaient). Ah! la voici.

Et en la remettant à Eusèbe, il baissa la tête, car il ne put se dissimuler qu'il rougissait de nouveau.

Comme il était impossible à Eusèbe de deviner la cause de l'émotion de Louis, en lui remettant une chose aussi commune qu'une adresse d'ouvrier, il n'attacha son idée qu'à ce qui se rapportait à l'inimitié existant entre les deux amis; il attribua à celle-là ce reste de levain qui grondait encore dans le cœur de Dumar, et pour qu'il ne s'enflammât pas encore par la contrariété, il ne fit pas semblant de l'avoir remarqué. Son indifférence apparente rassura Louis; il retrouva sa tranquillité précédente, ou plutôt rentra dans la mélancolie dont les accès mornes se succédaient. Il se retira bientôt après en promettant d'arriver assez de bonne heure pour n'être pas le dernier à paraître dans le salon.

Il y avait peu de temps qu'il était sorti, lorsqu'on annonça *M. de Foursival*. C'était un nom sonore, il retentissait pour la première fois à l'oreille d'Eusèbe à qui ce personnage était totalement inconnu. Il parut, et à sa taille si naine, à sa fatuité plaisante, Eusèbe retrouva ce sapajou bruyant, taquin, malicieux et souple tout à la fois, qui la veille avait dîné avec lui chez les Marsail. Le nouveau venu entra en dressant sa taille de manière à ne pas en perdre une ligne ; il portait sur sa physionomie l'impudence caractérisée au parfait, et tout en lui dénotait le charlatan et le faiseur d'affaires.

— Monsieur le marquis de Molène, dit-il, en multipliant les révérences, je viens à vous avec autant d'empressement que de franchise, vous offrir mes services et vous répondre du zèle que je mettrai à satisfaire vos souhaits. Lancé dans le monde tant haut que médiocre, passant du salon de la Chaussée d'Antin au Cercle des étrangers, du café Tortoni à l'Estaminet Belge, du cabinet de nos journalistes aux foyers de divers théâtres, je vois tout, touche à tout, sais de tout. Je tiens la commission pour autrui, je fais acheter et vendre les bibliothèques et les réputations, les vieux bijoux et la gloire à l'ordre du jour. Je brocante aussi dans les sentimens, je procure des connaissances utiles et présente chez les femmes aimables, aux tables d'hôte, aux soirées dansantes, où déjà je me mêle de ces accords que l'on veut, ou ne veut pas faire soi-même. Ma complaisance pour tout le monde étant sans bornes, jugez de ce que je ferais pour mes amis, je tiens à vous mettre du nombre, et mon assistance, j'aime à le croire, ne vous nuira pas.

L'étonnement d'Eusèbe ne fut pas médiocre, tandis que cette longue tirade lui était débitée avec autant de rapidité que d'aplomb; il ne concevait pas trop comment on osait avouer sans en rougir de telles manœuvres, et moins encore comment un tel drôle était souffert dans une honnête maison. S'il n'avait écouté que son premier mouvement, il l'aurait chassé à l'heure même, mais il était venu à Paris pour connaître l'époque actuelle; il avait vu naguère cette espèce de sapajou admis et presque caressé chez les Marsail, il jugea donc convenable de réprimer son indisposition et se contenta de répondre avec froideur:

— Que très obligé à M. de Foursival de ses prévenances, il n'en serait pas à les mettre à l'épreuve; puisque ce n'était pas son premier voyage dans un pays où il avait déjà demeuré.

— Et vous flattez-vous, repartit le chevalier d'industrie, d'être ici sur votre terrain, de pouvoir soupçonner et dépister les pièges dont on vous environnera? Etes-vous venu pour jouer à la Bourse? comment vous défendrez-vous des croupiers, des marrons, des coulissiers, des agioteurs, des agens de change, des banquiers? qui vous dévoilera le fort et le faible de ces messieurs? Si, au contraire, c'est la carrière des places que vous prétendez parcourir? vos démarches seront vaines malgré leur persistance, si une Ariane du jour ne met dans votre main le fil qui vous guidera dans ce dédale inextricable : il faut un ami éclairé qui vous instruira et des moyens de réussir, et des serrures que l'on ouvre avec la clef d'or. Aspirez-vous aux fournitures? je suis là pour régler les pots-de-vin, je connais dans chaque ministère, qui a la charge de les recevoir pour les rendre en plus haut lieu : enfin, vous faut-il une réputation littéraire? je suis en compte courant avec les claqueurs et les rédacteurs les plus en vogue.

—Eh! Monsieur, repartit Eusèbe, comprenant que ce qu'il y avait de mieux à faire était de rire d'un tel personnage, vous êtes le Michel Morin de la république à bon marché: avec une telle multitude de négoces divers, vous devez rouler sur l'or et sur l'argent.

— Je dois convenir, riposta M. de Foursival avec une modeste vanité, que je suis en assez bon pied dans le monde; le ministère me consulte quelquefois; à la Bourse, on prend de mes almanachs et on ne monte pas une pièce de théâtre, on n'édite pas une nouveauté, sans que l'on m'ait donné à lire le titre, les noms des auteurs de l'une et le *specimen* de l'autre. Croyez-moi, faites comme tant de gens dont j'ai facilité l'entrée dans le monde; je me charge pour dix mille francs comptant, de vous faire nommer préfet, de vous dessiner une opération lucrative, ou de vous procurer un succès littéraire, et mieux encore, de faire accepter par le ministère de la guerre une partie de fusils ou de coupe-choux.

— En vérité, vous m'inspireriez l'envie de tenter le sort au moyen d'une aussi mince somme, si je ne m'étais promis comme je vous l'ai déjà dit, de vivre au jour le jour, sans désirer d'entrer ni dans le temple de la fortune, ni dans celui des honneurs, ni dans celui de la gloire : j'aurais même de la crainte à m'approcher de celui de Vénus.

— Monsieur le marquis est classique, repartit froidement le sapajou; dès-lors je ne m'étonne pas s'il se laisse dominer par de vieilles idées. Nous autres, *Jeune-France*, (M. de Fourrsival approchait de la cinquantaine) avons tout renouvelé, les arts, la littérature, la politique, l'administration et la galanterie : tout repose sur un pivot d'intrigue et n'a qu'un but : *Gagner beaucoup et dans le moins de temps possible.* Or, il devient nécessaire de simplifier les moyens de succès : autrefois on laissait faire le temps, aujourd'hui des amis et des commanditaires agissent en avant du temps, exemple : jadis on ne disait du bien d'un livre qu'après l'avoir lu et médité, maintenant l'éloge commence avant qu'il paraisse, et cela non sans quelque raison, car, en général, on ne fait plus que le siffler dès qu'il a vu le jour. Nous avons des coteries qui tiennent la place de l'opinion publique, ce sont des temples où l'on s'encense réciproquement, des feuilles périodiques où l'on est prôné à tant le paragraphe.

— Alors, dit Eusèbe, un homme qui est riche et qui veut réussir, n'a qu'à vous appeler, puis croiser les bras et vous laisser faire, se contentant s'il a penché vers la réputation littéraire, de faire son ouvrage tant bien que mal.

— Ceci est un tracas dont je le débarrasserai; je lui ferai vendre tant qu'il voudra des œuvres de tout genre, il n'aura d'autre peine que de signer son nom : car un nom, voyez-vous, c'est tout aujourd'hui; le monde en est affamé : un anonyme est sans valeur, un débutant n'en a guère. Faites-vous un nom, dit le libraire au jeune auteur qui se présente, je vous imprimerai après. Il est certain qu'on peut, grâce à ma méthode, se faire un nom, comme on se fait faire un habit.

Le ton tranchant et doctoral que ce personnage employait à soutenir sa thèse, prouvait du moins sa conviction et l'habitude où il était de réussir à l'aide d'auxiliaires et d'intrigues de ce genre ; il en résulta ce qui arrive toujours lorsque nous combattons contre quelqu'un intimement persuadé de ce qu'il débite, c'est que nous perdons dans la défense la vigueur dont il use pour l'attaque. Eusèbe se rendit de moitié, et se rappelant en effet les succès en tous genres de tant d'hommes ordinaires, de tant de faquins et de sots, dépourvus de mérite et de talent, il cessa de s'étonner de la réputation momentanée qu'ils s'étaient acquise, et dont il n'avait pu jusque-là saisir les élémens ; il en prit, non pas meilleure opinion du sieur Foursival, mais il s'avoua que tout en le méprisant, on en tirerait du secours en cas de besoin, non pour lui, mais pour Louis Dumar.

— Monsieur, dit-il, dans la province d'où je sors, on est en pleine ignorance de ce commerce bizarre et neuf. Nous y répétons encore le vieux proverbe plein de sens jusqu'ici : *tant vaut l'homme, tant vaut la terre*, et nous étions loin de concevoir qu'il ne fût pas nécessaire que la terre et l'homme valussent quelque chose pour rapporter beaucoup.

— C'est que j'aurai de nouveau l'honneur de vous dire que le classique règne hors Paris; ici, au contraire, où la réforme est établie, nous agissons en vertu d'un autre axiôme : *rien n'est vrai sur rien*. Dès lors, on travaille sur table rase, et le public imbécille prend pour réalités les chimères dont nous le repaissons. Vous plaira-t-il d'en faire l'expérience et de me confier le soin de faire surgir votre nom, de telle sorte qu'avant huit jours il soit déjà dans toutes les bouches?

— Je ne puis vaincre décidément, répliqua Eusèbe, ni ma paresse, ni mon amour de l'obscurité, et si vous le trouvez bon, je me maintiendrai dans ma persistance de me reculer de tout éclat. Mais j'ai un ami, homme d'esprit, digne des services qu'on lui rendra, riche d'ailleurs, que je voudrais voir occuper un emploi majeur. Si par votre savoir-faire il se crée une position élevée, si l'opinion publique le porte aux places dont il est digne, je m'engage à verser dans votre bourse la somme dont tantôt vous m'avez parlé.

— C'est marché conclu et argent gagné, s'écria Foursival, en se frottant les mains l'une contre l'autre, mais je vous préviens qu'il faut agir dans le sens du ministère.

— Cela coule de source, monsieur, nous ne sommes pas à une époque de justice, d'impartialité et d'indépendance. Mon ami est heureusement né, et il saura sacrifier ses opinions à la nécessité de faire son chemin.

— Eh! monsieur, répondit Foursival, qui a aujourd'hui, je vous le demande, des opinions arrêtées, lorsque tant d'illustres exemples nous prouvent que c'est sottise que d'en avoir. Ainsi chacun presque, met en pratique la maxime d'un poète moderne qui lui-même a mis en exécution ce sage précepte :

L'homme absurde est celui qui ne change jamais.

Tout change dans le monde, les cieux d'aspect, la terre de saison, l'homme de figure, de goûts et d'habits, et au milieu de cette mobilité continuelle, il prétendrait conserver je ne sais quelle impassibilité absurde de sentiment et de manière de voir... Les amours ne sont pas éternelles, et il y aurait de l'éternité en politique... Folie, sottise, ridicule même.

Adroitement on change de leçon
Selon le temps, les lieux et la saison.

Mais veuillez me faire connaître votre hônorable ami, me donner une note touchant ses prétentions et sa fortune; cela suffira; j'arrangerai le reste de la manière la plus convenable.

Foursival tira de la poche droite de son habit des tablettes, et se mit en posture d'écrire sous la dictée d'Eusèbe qui tout en riant, lui dit:

— Louis Dumar...

— *Louis Dumar...* répèta le courtier de nouvelle fabrique.

— Veut une préfecture en province, ou l'équivalent à Paris.

— *Ou l'équivalent à Paris.*

— Il se contenterait d'une grosse place de finances.

— *De finances.*

— Il a des droits; n'a point combattu en juillet, mais a fort appuyé en août l'ordre de choses...

— *L'ordre de choses...* ceci, poursuivit Foursival, vaut son pesant d'or, et pour augmenter sa valeur, je vais ajouter l'indication suivante...

— *C'était autrefois un chaud partisan de la branche aînée...* Ah! monsieur, vous ne pouvez vous imaginer le goût que l'on a pour les transfuges...

— Qui se ressemble s'assemble, dit Eusèbe en riant, mais poursuivons... Il a trente mille francs de rente...

— *Il a soixante mille francs de rente...*

— Trente, ai-je dit!

— J'ai bien entendu, soixante feront meilleur effet... et je les lui donne.

— C'est beaucoup trop.

— Eh bien! cinquante... acceptez-les pour lui, vous prévenant que je n'en rabattrai pas un centime... si nous pouvions l'accuser d'une toute petite banqueroute, d'une simple suspension de paiement, ou tout au moins d'un concordat, son avancement serait immanquable... on ne manquerait pas de s'écrier alors :

> Dignus est intrare
> In nostro docto corpore.

— Oh! pour le coup, s'écria Eusèbe avec impatience, c'est un avantage dont je ne qualifierai pas mon ami, il s'est ruiné une fois, mais il a payé ses créanciers jusqu'à la dernière obole.

— Miséricorde! dit Foursival en frémissant, cachons bien vîte cette dernière particularité; si les méchans la font connaître, monsieur, votre ami aura le cou cassé, on n'en voudrait pas même pour en faire un préfet de police.

Il n'y a pas de plaisir à trop analyser le cœur de l'homme.
Recueil de Maximes.

VIII.

Le colloque rapporté au chapitre précédent, fut interrompu par l'arrivée du général comte Lurton, de M. Marsail et de Raymond. Celui-ci très agité en entrant, se remit un peu, lorsqu'ayant parcouru le salon, d'un regard rapide, il signala l'absence de Louis Dumar.

On se complimenta réciproquement. Le général après les premiers propos d'usage, entraîna le maître du lieu en dehors du groupe et lui dit mystérieusement à l'oreille :

— Votre hôtel est superbe ; les appartemens en sont nombreux, je présume. Savez-vous bien le secret d'en tirer un bon parti ? avez-vous de bons locataires ?

— Je n'ai rien à leur reprocher, car je n'en ai point.

— Y songez-vous ? quoi, seul dans cette vaste demeure ! c'est au moins vingt mille francs de perte chaque année.

— Je n'en disconviens pas.

— Vingt mille francs, mon cher, forte somme... et que vous regretterez un jour.

— J'aime la liberté.

— Propos de prolétaire séditieux et non d'un éligible ; revenez à de meilleurs sentimens ; faites comme moi. J'ai élevé ma maison de deux étages, j'ai coupé toutes mes pièces par un plafond qui double l'étendue ; j'ai bâti dans la cour, de manière à ce qu'elle ne soit plus qu'un ciel ouvert, et j'ai demandé à mon architecte un devis pour voir si je ne pourrais pas loger du monde dans certains retranchemens que j'établirais dans des caves; je n'ai plus de jardins depuis long-temps; un jardin, c'est la ruine d'un propriétaire, le mien a été changé en vastes ateliers. Le gaz et le bruit m'incommodent un peu, mais j'ai triplé mon revenu, et cela me console. Faites-en autant, vous vous en trouverez bien.

Comme Eusèbe allait répondre, Louis Dumar parut. Il avait sans doute pris à l'avance la ferme résolution de vaincre les mouvemens désordonnés de son âme, car aucune émotion n'éclata sur ses traits; ils demeurèrent calmes et parés d'un sourire bienveillant que Raymond ne put pas imiter aussi bien. Il vint cependant embrasser son parent; ils échangèrent ensemble et sous la surveillance d'Eusèbe, des paroles vagues d'excuse et de satisfaction réciproque, et ce préliminaire indispensable terminé, Raymond présenta Dumar aux membres présens de la même famille.

Louis, ai-je dit déjà, ne manquait ni de bonne grâce ni d'esprit, il avait envie de plaire à ces personnages, en conséquence du plan qu'il s'était tracé, et y employa ses efforts de manière à ce qu'ils fussent couronnés d'un plein succès. Foursival était demeuré à dîner, et, en partie intéressée, examina plus que tout autre le nouveau venu. Il en fut si satisfait, que s'approchant du marquis de Molène, il lui dit à voix basse :

— Ce beau garçon, rien qu'à se montrer, aidera puissamment à ma besogne, c'est désormais en toute assurance que je peux répondre de son succès.

— Le dîner fut gai, Louis y déploya de l'amabilité, il était en fond; il toucha quelque chose de ses projets d'avenir avec ce ton d'une confiance fondée qui donne tant de poids à nos prétentions. Il charma les convives, Raymond à part, Raymond rongé de douleur et d'envie et foncièrement ennemi de son cousin avec d'autant plus de véhémence que lui seul avait tout les torts, et Louis aucun reproche à se faire. Il lui offrit tout haut de l'appuyer dans ses démarches politiques et tout bas se jura de le contrecarrer sans cesse et de lui nuire en toute occasion. Aussi se montra-t-il affable; il eut jusques à des épanchemens de cœur.

C'est ainsi que l'on se conduit dans le monde, et bieninhabile celui qui se livre à la sincérité de ces faux semblans.

Monsieur Marsail n'attendit pas la fin de la soirée pour engager Louis Dumar à venir chez lui rendre ses hommages aux dames, et faire principalement une connaissance plus intime avec sa cousine future.

— Il faut que monsieur, puisqu'il est célibataire, soit votre premier garçon de noce, mon cher neveu, dit le général à Raymond; il a d'ailleurs à ce titre le droit de consanguinité.

— Je le lui aurais déjà proposé, répondit Raymond en comprimant son dépit, si je n'eusse offert ces fonctions au marquis de Molène.

— Et je les cède, quoique à regret, à Louis, repartit Eusèbe; les doubles nœuds qui vous lient ensemble lui donnent des droits que je n'ai pas; il remplira ce rôle mieux que je ne le ferais et dans tous les cas nous pourrions les partager.

— Cette proposition, dit M. Marsail, termine la difficulté; voilà une affaire conclue:

nous aurons deux premiers garçons de noce et tous deux à marier richement. Messieurs, poursuivit-il en s'adressant aux deux amis, ce ne sera pas ma faute si je ne vous *colloque* pas avantageusement ; je connais un fabricant de chandelles et un entrepreneur de bâtimens qui ont chacun une *demoiselle* avec la dot *conséquente* ; ce sont des maisons *cossues* et certes vous y trouverez à faire une bonne *repue*. Au demeurant si celles-là ne vous conviennent point, j'ai en main la *demoiselle* de mon voisin Lucas le notaire, et la nièce du gros avoué Sylvain, qui vous accommoderont autant. La fortune, Dieu merci, ne fait faute dans les bonnes maisons de Paris, tout ce monde ayant bouche en cour, c'est-à-dire qu'elles assistent aux soirées dansantes des Tuileries, non pas, il faut l'avouer, aux bals de l'intimité, car déjà la royauté-citoyenne entre furieusement dans les voies de la féodalité.

Un soupir de mécompte vaniteux termina cette épigramme détournée. Louis de son côté était demeuré en dehors du débat dont il était l'objet, ne pouvant triompher assez de sa disposition cachée, pour accepter joyeusement l'emploi qu'on lui destinait à la noce de son cousin, et d'une autre part ne sachant pas comment il pourrait le refuser si, malgré la mauvaise volonté de Raymond, on le lui adjugeait définitivement. Le *mezzo termine* qui finit cette querelle, ne le contenta point; mais comme il avait fait un pacte avec son cœur, comme il restait dominé par le besoin d'une double vengeance, il se détermina à subir avec courage les diverses épreuves qui l'amèneraient plus facilement à son but.

M. Marsail insista pour que la présentation eût lieu à bref délai, de ce nouveau parent, et malgré les hésitations de Louis et la froideur de son gendre, voulut que la chose eût lieu le lendemain avant le dîner auquel il invita Louis sans façon, dit-il, et à la bonne flanquette. Tout cela eût lieu si rapidement qu'aucune objection ne put être faite, et qu'on tomba d'accord du point principal.

Lorsque la compagnie se fut retirée, Louis étant seul avec Eusèbe, celui-ci lui dit :

— Tu as montré peu de volonté de te rapatrier sincèrement avec Raymond.

— Cela n'a-t-il pas été à charge de revanche? as-tu remarqué sa mine sombre, l'embarras de ses manières, l'expression glaciale de ses protestations. Va, mon ami, je peux le détester en pleine tranquillité de conscience ; il me le rend bien, et par ma haine je n'oblige pas un ingrat.

— De quelles expressions te sers-tu *détester*, de *la haine?* A quoi bon, s'il te plaît? quoi, pour un abandon dans la mauvaise fortune. Hélas ! Raymond a fait comme tous les autres, ni plus ni moins ; et toi dont l'âme est si belle, dois-tu en l'imitant lui accorder tant davantages.

— Eusèbe, repartit Dumar, nul mieux que nous ne peut apprécier la portée de nos sentimens, ni creuser plus profondément dans l'abîme de notre cœur. Je sais pourquoi je vois Raymond avec peine, et mon chagrin est vif de ne pouvoir te le confier ; un temps viendra peut-être, où la discrétion ne me sera plus commandée impérieusement ; alors tu me plaindras ou m'estimeras moins, ce sera selon que tu envisageras les choses avec des yeux prévenus ou impartiaux.

Le marquis s'était déjà aperçu qu'une impulsion cachée entraînait Louis au-delà des règles de la sagesse ; il ne voulut pas abuser des droits que son amitié lui donnait sur ce jeune homme pour le contraindre à lui révéler ce qu'il tenait à cacher ; il cessa au contraire de le placer en une situation difficile, et se mit à lui parler des démarches à faire pour déterminer le ministère à l'appeler à des fonctions lucratives et relevées. Louis entra avec chaleur dans cette nouvelle thèse à traiter, se montra d'une docilité parfaite, trouvant bon tout moyen tendant au succès, et ne refusa même pas de se servir de l'auxiliaire Foursival dont les menées pouvaient servir, ajouta-t-il.

Il était tard lorsque les deux amis se séparèrent ; chacun alla se coucher. Eusèbe en se déshabillant laissa tomber sur le parquet une carte ; il se baissa machinalement pour la relever et en y jetant un coup-d'œil reconnut l'adresse de cette rentrayeuse à haute réputation, que Dumar lui avait remis. Ceci lui rappela les commissions dont il s'était chargé en quittant Montauban, et il se promit dès le lendemain de s'en occuper, afin de ne pas s'attirer un juste reproche de négligence. Il posa la carte sur le marbre de la cheminée, en une position apparente, pour lui servir de *memorandum.*

Le jour suivant il se leva sans aucun pressentiment de ce qui pouvait lui arriver; il récapitula par ordre les courses à faire : la première dédiée à l'ouvrière, qui certainement serait au travail d'assez bonne heure pour qu'on pût arriver chez elle sans la déranger. Plus tard, il irait chez un homme attaché par un haut grade à la maison du roi des français, puis il se rendrait chez un directeur d'une des administrations principales, qui tenait à lui par des nœuds de parenté, fort peu certains, mais que ce personnage déclarait très rapprochés, et ceci par vanité pure; Eusèbe avait déjà reçu sa visite et en même temps un laissez-passer pour tous les jours; il comptait enfin terminer ses courses par se présenter à la porte d'un littérateur de la nouvelle école appuyé dans sa démarche par une lettre de recommandation.

Visite à une ouvrière.

Que de chemin fait la sottise en peu de temps.

Restif de La Bretonne.

IX.

A neuf heures du matin le marquis de Molène montant en cabriolet, sortit de chez lui habillé avec autant de goût que d'élégance, et néanmoins simple dans son costume; il ne l'employait qu'à rehausser sa bonne mine, et non à se rendre ridicule selon l'usage trop commun parmi les jeunes gens. Il avait la liste de ses courses; la première devait avoir pour but de porter de l'ouvrage à la personne que Dumar lui avait recommandée, et il tenait sur ses genoux et plié avec soin un châle que d'abord il laisserait pour essayer le talent de la rentrayeuse.

Arrivé à la rue Cassette, il fit arrêter en face de la maison où logeait Ombeline, descendit de sa voiture et soulevant le marteau de la porte, frappa quatre coups à distance l'un de l'autre. Un cordon qui descendait de chaque étage ouvrit soudain, et Eusèbe monta au carré qui lui était désigné. Là, il sonna encore, et Ombeline se présenta. Eusèbe, à son aspect, crut voir une vision, une vision céleste, car la beauté de la jeune fille était véritablement surnaturelle. L'effet qu'elle produisit fut d'inspirer tant de respect et d'émotion au marquis, qu'il fut incertain s'il était en présence d'une grisette, ou s'il ne voyait pas une femme de haut rang en vêtement de fantaisie.

— Mademoiselle, dit-il, je me trompe peut-être, on m'avait dit de me présenter chez une jeune ouvrière qui raccommode les châles de cachemire...

— C'est moi, monsieur, moi-même; et qui vous a désigné mon logement?

— Le meilleur de mes amis, répondit Eusèbe, encore plus ému du son enchanteur de la voix harmonieuse d'Ombeline, monsieur Louis Dumar.

La jeune fille rougit à ce nom prononcé, et rougit si visiblement qu'un éclair rapide de jalousie naissante et confuse brilla dans le cœur d'Eusèbe. Alors il se rappela comme par magie, l'embarras avec lequel Dumar lui avait remis l'adresse d'Ombeline, et il conjectura naturellement que l'un et l'autre étaient unis par un tendre lien; il en ressentit déjà une douleur profonde, à tel point qu'un regard avait décidé de son avenir. C'était un de ses coups de sympathie qui entraînent véritablement. Eusèbe attendait avec anxiété ce que dirait la séduisante ouvrière, et si à son tour elle parlerait de Dumar. Il n'en fut rien. Ce nom avait éveillé en elle un doux sentiment sans doute, mais il ne sortit pas de ses lèvres de rose, qui s'ouvrirent seulement pour demander à voir ce qu'on apportait.

Jusqu'à ce moment le colloque avait eu lieu presque sur le seuil de la porte; mais ensuite Ombeline se plaçant de côté montra d'un geste à Eusèbe, la seconde pièce, comme pour l'inviter à y pénétrer; mais lui à son tour se reculant, se récria sur l'incivilité qu'on voulait lui faire commettre et protesta qu'il ne passerait pas le premier. Ombeline n'insista point et marcha devant lui; il put admirer alors la tournure voluptueuse d'un taille élancée, la souplesse des formes gracieuses qui frappaient ses regards, leur doux ensemble et surtout la beauté de ces longs cheveux noirs retombant à profusion sur un cou dont ils ne faisaient que mieux ressortir la blancheur éclatante.

Ombeline présenta une chaise à Eusèbe qui, en la prenant, promena un regard furtif sur les dispositions du local et remarqua le piano simple et ouvert et chargé de musique, ce qui annonçait l'usage qu'on en faisait ; il vit plus loin un chevalet supportant une toile où des fleurs étaient peintes avec beaucoup de fraîcheur et de vérité ; tout dans cette chambre manifestait la propreté exquise et l'amour de l'ordre dans celle qui l'habitait.

Le châle était passé déjà de la main d'Eusèbe dans celle d'Ombeline qui examinait avec attention les échecs à réparer, et le soin qu'elle y apportait ne lui permettait pas de s'apercevoir de l'impression que sa beauté merveilleuse produisait sur le jeune homme. L'amour s'emparait du cœur d'Eusèbe avec une impétuosité sans égale, avec une fureur sans nom; il s'y établissait en conquérant intraitable qui ne permettrait pas la moindre indépendance, et qui au contraire apporterait des fers pesans.

Eusèbe aurait, loin d'interrompre Ombeline dans sa recherche minutieuse, aurait payé à haut prix un délai plus long qui lui permît de demeurer encore en présence de cette belle créature. Enfin à son grand regret, elle se rendit compte du travail à faire, et s'adressant au marquis avec des paroles mélodieuses, lui détailla ce qu'il ne s'attacha pas à comprendre, tant son enivrement était entier, et ajouta ensuite que peut-être il désirait savoir combien ces reprises coûteraient.

— Moi, grand Dieu! s'écria-t-il! eh! peu m'importe; je m'en fie à vous, mademoiselle; je passerai aveuglément par les conditions que vous m'imposerez, trop assuré que pour mettre en balance les qualités de l'âme avec les attraits du corps, vous ne pouvez qu'être désintéressée.

Ce compliment, débité avec l'expression d'une passion chaleureuse, embarrassa Ombeline, qui baissa les yeux qu'elle venait d'élever, et sa poitrine en même temps s'agita.

—Monsieur, dit-elle d'un ton timide, votre confiance m'honore et me fait un devoir de ne pas la trahir; j'emploierai toutes les ressources de mon art, s'il y en a, à des choses si ordinaires, pour que vous soyez content et surtout pour que les dames dont vous êtes l'intermédiaire ne se plaignent pas de vous.

— Les arts, répondit Eusèbe, ont, à ce que je vois, ici leur sanctuaire.

Et sa main désigna l'instrument de musique et le tableau.

— Quelques leçons d'un ami m'aident à

peindre ces fleurs, répartit Ombeline, et l'étude du piano est entrée dans l'ensemble de mon éducation primitive.

—Les sons doivent accompagner une voix bien agréable, si j'en juge par le timbre sonore qui résonne si délicieusement à mon oreille.

Le tact parfait d'Ombeline l'instruisit qu'il ne convenait pas de répondre à cette sorte d'interpellation ; il s'en suivit une minute de silence, puis la jeune fille dit :

—Monsieur, je vous réitère ma promesse de travailler de mon mieux.

—Et moi, mademoiselle, je vous conjurerai de travailler long-temps pour moi ; ce châle a d'autres compagnons qui vous attendent ; je n'ai pas voulu les apporter avec lui, ne sachant pas à qui je les remettrais et maintenant je m'applaudis de ma méfiance, elle me procurera le bonheur de vous voir une fois de plus.

C'était beaucoup trop dire, c'était manquer

sans doute aux convenances ; mais Eusèbe était jeune et impétueux ; peut-être aussi qu'en dépit de son entraînement, un peu d'amour-propre lui disait qu'il fallait moins de respect envers une grisette, et sa galanterie en conséquence ne se voilait pas assez. Ombeline au contraire sentit mieux qu'il fallait rompre cette conversation, ce qui eût lieu, en se levant, Eusèbe, contraint de faire comme elle, entendit ce que signifiait ce mouvement; il lui donnait son congé; s'y refuser, se débattre ne se pouvait encore ; c'eût été ce jour-là un outrage qu'il était incapable d'adresser à celle dont les charmes prenaient déjà sur lui un empire irrésistible. Il se soumit donc à la volonté pudique qui lui était manifestée et partit en renouvelant ses civilités.

Qu'il fut lent à franchir les quatre étages! chaque marche qu'il descendait pesait sur son cœur en poids énorme, et lorsque, la porte d'en bas refermée, il se trouva dans la rue, il y eût un instant où il se crut au milieu d'un vaste désert. Telles furent les premières impressions qu'il éprouva : ainsi l'amour entra dans son âme sans qu'il eût put le prévoir ni s'en défendre, mais non un amour tranquille; celui-là au contraire dès sa naissance le tourmenta. Eusèbe, avec une sorte de désespoir toujours croissant, se demanda qui il allait aimer : cette jeune fille était-elle libre? n'appartenait-elle pas à Louis, et dans ce cas lui Eusèbe devait-il ou chercher à la séduire, ou contraindre son ami à la lui céder en vertu des droits que lui donnérait la reconnaissance de Dumar.

L'amour naissant est à la fois timide, inquiet et soupçonneux; il pare autrui de tout ce qu'il s'enlève à soi-même; il lui accorde à profusion, des mérites que lui possède et qu'il n'aperçoit pas. Ce premier moment est le triomphe de la modestie ; il dure peu chez certains esprits ; dans d'autres il se prolonge outre mesure, et il est la pierre de touche des qualités réelles de qui aime avec vivacité. Jeunes filles, ne vous y trompez pas, méfiez-vous de la présomption et de l'arrogance. Là, il y a des desirs, et non de l'amour vrai.

Trois visites dans le grand monde.

Il y a du profit à voir les hommes.
(*Recueil de Maximes.*)

X.

Ces pénibles réflexions, d'autant plus douloureuses que ne faisant que de naître, le temps n'avait pu les adoucir, le maintinrent dans une agitation continuelle, jusqu'au moment où son domestique arrêta le cabriolet en face de l'hôtel où logeait M. de Vaulaire.

Celui-ci était un gentilhomme de l'ancien régime, tout accommodé aux exigences du moment. Commensal du château des Tuileries, où il jouait un certain rôle. Il était pour le *parce que*, et très indigné contre le *quoique*. C'était un de ses souteneurs de la légitimité bâtarde, un de ces accommodeurs du droit divin aux violences de l'usurpation. Dès son entrée dans le monde il s'était accroché à la cour aussitôt qu'il y en avait eu une. Humble serviteur du Directoire, Dieu est témoin de l'empressement qu'il mit à se prosterner devant Bonaparte. Il ne se releva pas à la restauration venue, et seulement tâcha de s'incliner un peu plus bas. Il fit échange avec grande joie de la livrée de l'empire, contre celle de nos rois. La révolution de juillet le laissa un instant dans une indécision cruelle : à peine s'il eut le temps de flagorner Lafayette; mais par bonheur que le lieutenant-général du royaume trouva bon d'échanger ce titre contre celui de roi. Oh ! avec quel transport Vaulaire accourut au Palais-Royal; il fut presque le premier à féliciter le duc d'Orléans, sur son *dévoûment* sublime, sur son courage de Curtius qui le portait à se précipiter, dans l'intérêt de la patrie, sur le plus beau trône de l'univers, et surtout sur le mieux rétribué. On paya son zèle d'une de ces places dont on rassasie ceux qui veulent de ces prétendus honneurs, et Vaulaire se retrouva dans son élément.

Ce n'est point que parfois il n'éprouva un sentiment de honte, ou de mauvaise humeur, quand il se voyait si mal secondé et environné de *telles espèces*. Il ne se dissimulait pas que les Tuileries étaient vides, bien que d'ailleurs elles fussent pleines à comble ; car les gens de qualité y étaient clair-semés; une douzaine à peu près, s'y montraient, courant les uns après les autres, coudoyés, jalousés, baffoués, détestés par ceux qui ayant pris le Palais d'assaut, avaient bien quelque droit à s'en dire les vrais propriétaires.

Vaulaire s'indignait de ces prétentions, et tout doucement travaillait à expulser tantôt l'un, tantôt l'autre, et surtout à les remplacer par des gens de *la vieille roche*, désir que du reste, partageaient avec lui, ceux dont il mangeait le pain cuit. Combien Vaulaire se montrait-il doux, affable et complaisant, envers tout gentilhomme qui rôdait autour de lui; il les choyait, les caressait, leur montrait les cieux ouverts, en prix de leur défection; et s'il en manquait un bon nombre, ses efforts pourtant étaient parfois couronnés de succès.

Le marquis de Molène lui était annoncé par le préfet de son département. Leurs terres se trouvaient limitrophes, et d'anciens rapports de famille établissaient une intimité aussi complète, que le permettaient les différences d'âge. M. de Vaulaire espérait bien en profiter, pour tenter cette conquête, qui serait un triomphe réel, puisqu'on lui marquait aussi, qu'Eusèbe comptait parmi les coryphées de l'opposition royaliste.

C'est un enfant, se disait le comte (c'était son titre), il se laissera prendre à des hochets. Nous l'aurons d'abord à nos soirées; il dansera avec nos princesses. Nos princes le feront déjeûner avec eux. Le roi lui touchera dans la main et le voilà emporté de vive force, et un de plus dans notre lac.

Ainsi le comte de Vaulaire s'acommodait une victoire à venir, en forme de beau château en Espagne, et peut-être qu'il y rêvait au moment précis qu'on lui annonça Eusèbe. Dès qu'il le vit:

—Enfin, mon jeune ami, dit-il, vous voilà

de retour? Comment avez vous pu faire pour demeurer huit ans en fin fond de province, sans venir faire une excursion à Paris? A peine votre éducation faite, vous êtes parti.. Que d'évènemens ont eu lieu pendant votre absence. J'ai souvent élevé une voix, j'ose dire généreuse et énergique, pour avertir sa majesté Charles X qu'elle courait à sa perte ; soin inutile; il a voulu périr. Nous avons été trop heureux, à l'heure de la tempête, qu'un magnanime prince ait consenti à se charger d'être notre pilote. Sans lui, que serions-nous devenus, je vous le demande?

— Après quelques coups de vent, repartit Eusèbe, le vaisseau serait par la force des choses, rentré dans le port de la légitimité.

— Vous partagez l'erreur de certains; cela ne pouvait être : la branche aînée manquait de force ; sur quoi reposait-elle ? sur des sables mouvans ; vous en avez eu la preuve. La branche cadette, au contraire, demeure inébranlable ; l'amour du peuple garde le roi de notre choix.

— Avec quatre cent mille baïonnettes et l'expectative des forts détachés, dit Eusèbe en riant.

— Eh bien ! depuis quand, répliqua sérieusement le comte, est-il défendu de bien fermer ses portes et fenêtres, de semer la campagne de pièges à loup, lorsque l'on veut dormir en paix chez soi..... Mon ami, croyez-moi, la fronderie passe de mode, les hommes sages se rallient au gouvernement, faites comme eux, vous arriverez à la pairie, et en attendant à un haut emploi dans la maison royale.

Frapper sur le timbre de l'ambition dans le cœur humain, lorsque c'est celui de l'amour qui résonne, c'est n'obtenir que mauvaise dissonnance. L'insinuation directe du comte ne fit que glisser sur l'esprit d'Eusèbe, qui n'accepta l'espoir de tant de grandeur; il s'inclina cependant en personne bien élevée, et après un instant de méditation :

— Je suis peu pressé, dit-il, de me jeter à la tête du premier venu, et d'abjurer en un jour les principes de toute ma vie ; vous me permettrez-donc, monsieur, de ne pas abonder dans vos idées. Ce n'est pas que si un jour on m'obligeait, en reconnaissance de services rendus, à me vaincre sur certaine matière, je ne me décidasse peut-être à sauter le pas; jusque-là je m'abstiendrai.

— Soyez convaincu, repliqua le comte, que l'on est ici très disposé à s'attacher les grandes familles, au moyen de bons procédés, et pourvu que l'état fasse les frais du service; car nous sommes pauvres, les libéraux à recettes nous ayant minés pour long-temps; on essaiera de vous contenter. Avez-vous des amis à protéger ?

— J'en ai un que j'aime à l'égal de moi-même; il a autant d'esprit que d'habileté; il manque de préjugés et a de la fortune.

— Voilà, s'écria M. de Vaulaire, les hommes qui sont aptes à recueillir les faveurs du gouvernement. Quel nom porte votre ami, et à quel ministre en particulier faut-il qu'on le recommande?

— Au plus positif, à celui des finances; mon ami ne reculera devant aucun cautionnement. Quant aux autres excellences, il sera charmé de leur rendre ses devoirs.

— Je vous réponds que sans tarder, je parlerai de lui en haut lieu, et que dans l'idée de vous être agréable, on le casera convenablement.

— Je vous répète, dit encore Eusèbe, que M. Louis Dumar a du mérite de reste, et du dévoûment encore plus.

— Hélas! ainsi tous devraient être; mais la moitié de ceux qu'on place sont des ennemis déguisés.

Le comte poursuivit sur ce ton, manœuvra en courtisan consommé, autour d'Eusèbe, qui, sans se laisser entamer, se retrancha sur ce qu'il avait dit d'abord, et la chaleur qu'il mit à recommander son ami, laissa à M. de Vaulaire la certitude que lui-même se laisserait prendre à la longue au royal hameçon. Tous les deux se séparèrent mutuellement satisfaits. Eusèbe surtout emportait la certitude que Dumar venait d'acquérir un nouveau protecteur, le désir de compléter cette œuvre méritoire le détermina à se rendre chez le directeur qui s'accrochait à lui, ai-je dit, en qualité de parent.

A la vue du laissez-passer très en règle et des plus importans de l'espèce, le portier, le concierge, le suisse, tout comme on voudra l'appeler, livra le passage, et Eusèbe put pénétrer dans le vestibule où des garçons de bureau se présentèrent.

— Où va monsieur?

— Chez le directeur.

— M. Noël n'est pas visible, l'heure de l'audience est passée.

— Je ne viens point pour affaire, mais bien par forme de civilité... voilà d'ailleurs mon droit...

Le billet fut examiné, retourné, commenté, et néanmoins, ce fut avec respect qu'un de ces importuns subalternes se décida à aller prendre les ordres du chef suprême. Mais qu'il revint vîte et qu'il se montra humble, lorsque le directeur, au nom de l'importun décliné, se fut écrié :

— Comment, imbécile, on arrête dans l'antichambre le marquis de Molène, mon parent, mon cher parent, n'a-t-il pas un laisser-passer, ne doit-on pas l'introduire dès qu'il se présente. Allez, nigaud, réparer votre sottise et celle de vos camarades.

Le pauvre garçon s'en retourna consterné,

et d'une voix éteinte, dit à ses confrères :

— C'est un parent de monsieur...

A ces mots, tous les fronts se déridèrent, et il n'y eut plus d'obstacles pour l'arrêter; on lui fit traverser plusieurs pièces, il arriva dans le bureau du directeur qui, s'élançant du vieux fauteuil d'acajou dans lequel il était enfoncé, vint à lui en hâte, la figure radieuse et les bras ouverts.

— Ah! cher marquis, mon jeune cousin, il vous plaît donc de nous faire une visite? mes instances pour que vous vinssiez à Paris, ont donc été couronnées de succès. Vous voilà, je l'espère, décidé à profiter du bon vent. Nous sommes à une époque heureuse ou le mérite rentre dans ses droits, où l'intrigant, le sot, le premier venu, n'ont plus de chances favorables. Vous ne leur ressemblez pas, vous qui tenez le haut rang parmi les premières familles de notre province, aussi aurai-je du plaisir à faire valoir vos titres, et me montrer fier de vous appartenir.

Ici encore, Eusèbe laissa couler ce flux de paroles, et se mettant à son aise, s'amusa aux dépens du vaniteux parvenu; il releva au superlatif sa propre importance, prétendit que si on voulait l'avoir, il fallait l'acheter à haut prix, et pour le rendre plus nécessaire par là à la nombreuse clientelle dont il disposerait aux prochaines élections.

— Dans ce cas, dit M. Noël, vous pouvez dicter la loi ; avec une telle influence on devient précieux, et on ne vous refusera rien de ce qui sera raisonnable.

— Parbleu ! répartit Eusèbe, il me prend l'envie de mettre à l'épreuve cette bonne volonté dont on me parle tant. Je vais faire à Paris un séjour ruineux; il faut que ceux qui veulent m'avoir m'aident. Un de mes amis qui a autant de génie que de grands biens, désire une place de finances à Paris et dans le ressort de vos attributions. Il est convenu que nous partagerons la dépense de mon hôtel où il loge, s'il obtient ces fonctions. Il sera fortement appuyé par le château que représentera le comte de Vaulaire; le général Lurton s'intéresse également à lui, et je prendrai pour moi la reconnaissance du service qu'on lui rendra.

— Je vois, dit M. Noël avec gaîté, que vous aspirez à me forcer les mains, à me faire une violence préméditée; il faudra vous satisfaire, et vous arrivez au moment où une place très lucrative se trouve vacante.

— Mais, répartit Eusèbe, la terre, le ciel et l'enfer sont, je présume, en voie de se la disputer.

— Les concurrens ne manquent plus, ils sont appuyés par des personnes en crédit, ils ont des services à faire valoir. Tout cela, néanmoins, ne soutiendra plus l'examen, du moins en ce qui me concerne, en contradiction de votre ami et du désir que j'ai de vous obliger.

— Parbleu, mon cher cousin, vous êtes adorable, s'écria Eusèbe, déterminé qu'il était à porter le dernier coup. Il est certain que ce titre, positivement accordé, tandis que jusque-là les Molène avaient louvoyé, en réponse aux prétentions héraldiques des Noël, causa une sorte de révolution dans le directeur. Celui-ci ne sut ni dissimuler sa joie, ni garder une juste mesure dans ses protestations; il s'engagea plus que jamais à soutenir Dumar de tout son crédit auprès du ministère, à le mettre en premier rang de présentation, et il accepta un dîner chez *son cousin le marquis de Molène*, où il verrait M. Dumar.

Il était près de deux heures, car les séances chez le commensal du château et chez le directeur, avaient été longues, lorsque Eusèbe se rappelant qu'il avait encore à voir l'un des champions, ai-je dit, de la littérature romantique, il s'y fit conduire, et on verra au chapitre suivant ce qui advint de cette entrevue.

Un Grand Homme
DE SA PROPRE FABRIQUE.

Paris regorge de ces nains qui se disent géans, de ces impuissans qui se disent des hercules.

Inconnu.

XI.

Eusèbe, pour la première fois, pendant cette journée, dut se résoudre à faire antichambre chez le littérateur qu'il venait visiter; il était entré d'emblée dans la chambre à coucher de l'homme du château, dans le cabinet du directeur en chef, et il ne put de même arriver jusqu'à M. Cielpur... Ici, un domestique, maître Jacques, de fonctions et de costume, l'arrêta net, et ne s'étonna ni de son nom, ni de son titre, et moins encore de son impatience.

— Monsieur compose, lui dit-il, et quand monsieur compose, je ne me permettrais pas de laisser entrer le Père Eternel s'il venait en personne lui faire une visite de bon voisinage. Oh! si je manquais à ma consigne, monsieur me tuerait... il est si doux.

Cette opposition entre l'action probable qui serait commise et l'épithète qui suivrait, amena un rire fou sur les lèvres d'Eusèbe.

Le domestique, en le voyant se développer, éprouva un mouvement de dépit et presque d'indignation.

— Est-ce de monsieur, par hasard, que vous vous moqueriez, dit-il, et seriez-vous un de ces hommes jaloux qui ne veulent pas rendre hommage au génie de mon maître, qui lui préfèrent je ne sais quel tas de canaille dont je ne voudrais pas des ouvrages, même pour en faire des cigarres.

— Rassurez-vous, mon ami, répondit Eusèbe dont le bon sens se refusait à entamer une querelle avec cet imbécille; loin de jalouser votre maître, je suis au nombre de ses admirateurs, et c'est pour lui témoigner mon estime que je viens ici maintenant.

— A la bonne heure, car si vous eussiez été un classique, un homme de la cabale ennemie, vous eussiez trouvé à qui parler.

— Je vois que dans votre enthousiasme pour votre maître, vous ne me refuseriez pas de faire en sa faveur le coup de poing avec un sot ou un jaloux.

—Et si je m'y refusais, je serais promptement congédié; ceci a été une des conditions de mon entrée dans cette maison. Je dois servir Monsieur non seulement en serviteur fidèle, mais encore en souteneur intelligent. Chaque fois qu'il publie un livre nouveau, je vais en faire la demande dans tous les cabinets de lecture de Paris et toujours au nom d'un prince ou d'une duchesse afin qu'on se décide à l'acheter; et lorsqu'il s'agit d'une pièce de théâtre, la livrée alors n'est plus de mise, j'endosse l'habit bourgeois et surveille, en applaudissant de toutes mes forces, la loyauté des claqueurs payés du lustre.

— Comment, dit Eusèbe étonné, de tels moyens seraient nécessaires au succès de votre maître?

— Ah Monsieur! repliqua le valet en riant niaisement, il en emploie bien d'autres, tant il faut savoir s'ingénier dans cette misérable ville; par exemple: ces articles de journaux qui le placent à la tête de la littérature, qui proclament la supériorité de son style, de son invention, eh bien! tout ceci est fait par Monsieur lui-même ou par ses meilleurs amis, et dans ce dernier cas il ne manque jamais à les revoir, n'étant jamais satisfait du style admiratif des autres. Puis on en fait des copies, et soit par cajoleries, soit à prix d'argent, on les insère dans les feuilles publiques : et puis quand celles-ci annoncent que le libraire a acquis l'œuvre trente mille francs, c'est quinze cents francs que cela veut dire, et les dix mille exemplaires enlevés par les amateurs se réduisent souvent à quelques centaines...

Cette piquante révélation allait continuer lorsqu'une sonnette agitée vivement à deux intervalles distincts arrêta la parole dans la bouche de ce bavard pernicieux: il écouta, puis se tournant vers Eusèbe:

—Pardieu! Monsieur, dit-il, vous êtes bien heureux! vous venez d'entendre le signal de mon maître pour me prévenir que l'on peut être admis dans son cabinet : je vais vous annoncer, suivez-moi.

Eusèbe traversa un salon richement meublé mais où tout était en désordre, et précédé de son introducteur parvint dans un cabinet dont il aurait admiré la magnificence bizarre, si d'abord toute son attention ne se fût attachée sur le personnage qu'il venait voir et que naguère encore il prenait pour un demi-dieu ; mais le colloque récemment établi entre le laquais de Cielpur et lui, avait déjà diminué une forte partie de son enthousiasme.

Le littérateur était vêtu d'une robe-de-chambre d'étoffe soyeuse des Indes, à grands ramages et aux couleurs tranchantes : une cordelière d'or terminée par de gros glands pareils ceignait la taille ; le bonnet assorti penchait à la dragonne sur l'oreille gauche ; des pantoufles turques en maroquin de plusieurs nuances garnissaient ses pieds : un pantalon et un gilet de molleton blanc complétaient le costume.

M. de Cielpur était assis devant son bureau et près de la cheminée l'un et l'autre couverts de papiers en désordre pêle-mêle avec une pendule de bronze, des candélabres champtournés, des presse-papiers avec des sujets allégoriques se rapportant aux œuvres de l'auteur, deux porte-plumes en lacque nouvelle, une écritoire dans le style du siècle de Louis XIV, des essuie-plumes en drap et velours figurant un papillon et une rose, des canifs historiés, des règles de nacre et couteaux de pareille matière, une profusion de cachets superbement montés, quelques bustes des grands hommes du jour, *amis intimes* (les plus imbécilles et pour cause); bref, c'était une confusion, un fouilli très plaisant.

Le maître du lieu se leva péniblement à la

vue de l'inconnu, et sans dérider le jeu de sa physionomie monté par calcul à la cérémonie froide et solennelle, il attendit qu'Eusèbe déclinât son nom et lui remît la lettre de recommandation dont il était porteur. Le titre de marquis valut néanmoins un second salut moins superbe, et l'épître ayant été lue :

— Enchanté de vous voir, dit Cielpur..... J'avoue que j'ai de la peine à me rappeler la personne qui vous adresse à moi, je suis tellement pressé du matin au soir par la foule qui vient voir le chef de la nouvelle école que souvent les noms m'échappent encore plus vite que les traits. Cependant, Monsieur le marquis, je suis prêt à vous être agréable et voici un billet de premières loges que je vous prie d'accepter pour la représentation de ce soir; vous voudrez bien entrer dans la salle de bonne heure, c'est une condition que j'impose à mes amis. Cet empressement fait bien; il grossit la foule, et le public qui passe en prend une plus haute idée de la pièce et de l'auteur.

—Monsieur, je vous suis obligé... voulut dire Eusèbe, mais le grand homme ne lui laissa pas achever la phrase et sans s'embarrasser s'il lui coupait la parole ou non, continua, ce qui fut plus un monologue qu'un dialogue:

—Vous ne sauriez croire la fatigue incroyable qu'il faut se donner pour se faire rendre justice. On convient généralement, et c'est un aveu que ma modestie est forcée d'admettre, que j'ai reculé les bornes de la littérature en creusant une nouvelle route, en inventant des moyens prodigieux, que mon style est à l'avenant de l'imagination et des pensées, enfin, que renouvelant le Dante, je me pose entre le moyen âge et l'avenir. Eh bien! au lieu d'accorder ce fait accompli, la méchanceté atroce, je ne crains pas de le dire, l'envieuse rivalité de mes faibles et lâches ennemis s'attache avec une persistance criminelle à m'arrêter dans mes triomphes, à écorner quelques fragmens de ma réputation gigantesque. Croiriez-vous, Monsieur le marquis, vous dont le goût est sûr et pur, ce que prouve invinciblement l'hommage que vous venez me rendre par votre venue qui est sans doute l'ambassade de toute votre province, croiriez-vous que d'abominables critiques m'opposent de frêles auteurs, qu'à les entendre, j'ai des maîtres en littérature; et à mes yeux, ils encensent de vieilles idoles dont le culte m'attriste, car le mien doit l'avoir remplacé. Ces misérables parlent de je ne sais quel Voltaire, de je ne sais quel Bossuet, ils vont jusqu'à exhumer des Racine, des Corneille, momies depuis ma venue ensevelies dans la béatitude du repos éternel: ils font plus encore, ces monstres, ils affirment que je n'ai pas inventé le genre à la mode, nomment un Mercier, un Le Mercier, que sais-je : si je fais un roman sublime, ils rappellent un certain Lesage, un Cervantes, un Richardson. S'agit-il de mes vers ? ils ont trente poètes à placer avant moi. Si je travaille pour le théâtre, eh bien ! il y a tout à point un faquin de Shakespeare qui selon eux m'a ouvert la carrière, ou, à les entendre, je cheminerai après lui à deux-cent mille lieues de distance. Une malice aussi noire, une persistance à me refuser ma place légitime me navre le cœur, je déplore cette folie du siècle, cet aveuglement de mes contemporains, et je redouble d'efforts, de démarches pour ouvrir ces yeux fermés, et pour amener la France et l'Europe à un acte d'impartiale équité : tout me fait présumer, Monsieur le marquis, que vous m'aiderez à ce pénible ouvrage, que vos applaudissemens, vos éloges me serviront à Paris. Il y a cependant mieux à faire, et lorsque vous vous serez frotté de moi, vous repartirez pour votre département où je vous réserve l'apostolat de ma religion. La province est par trop encroûtée de vieilles maximes, je vous charge d'éclairer la vôtre, et si vous y parvenez, vous aurez rendu un grand service à l'humanité.

L'auteur s'arrêta ici pour reprendre haleine, son visage devenant violet. Eusèbe, de son côté, ne pouvait savoir s'il était dupe d'une mystification spirituelle ou en présence d'un insensé. Il aurait voulu, quoique son amour-propre dût en souffrir, que ce qu'il venait d'entendre eût été une longue plaisanterie; mais il ne le put croire long-temps : le péroreur était si plein de son sujet, si en adoration devant sa propre personne, que son discours restant l'expression naïve de son opinion réfléchie sur son propre compte, c'est-à-dire, une hallucination complète et conditionnée de tout point. C'était donc là le génie que sur la foi de quelques gazettes sottes, il s'était avisé de vénérer; il éprouvait une honte plaisante de sa crédulité ridicule et il ne cherchait qu'un prétexte pour se sauver, sans s'engager dans le rôle extravagant qui lui était proposé. Saisissant l'occasion de placer une parole, il essaya, sans trop augmenter la maladie de l'homme de lettres en l'entretenant dans sa monomanie par des éloges extravagans, à le satisfaire néanmoins, lui promettant surtout que dès sa rentrée dans les foyers paternels, il prêcherait avec zèle son culte divin. Cette promesse amena M. de Cielpur à traiter avec une bienveillance particulière le marquis de Molène qu'il gratifia du don précieux de deux de ses derniers ouvrages, puis il recommença ses lamentations sur l'injustice de ses contemporains, ne pouvant concevoir qu'ils refusassent de le reconnaître pour la sommité de l'époque et employant toujours des épithètes véhémentes lorsque le nom de ses ennemis sortait de sa bouche.

Enfin Eusèbe se leva... Cielpur aussi mauvais physionomiste qu'il était peu habile dans l'art de peindre les vrais caractères et d'exprimer les passions sous leur forme convenable, se persuadant qu'il venait d'acquérir un nouveau séïde, lui fit les honneurs du logis : il le ramena jusques à l'anti-chambre et ayant inscrit son adresse sur ses tablettes, l'assura qu'il lui accorderait la faveur et l'honneur d'une prochaine visite. Ils se quittèrent pleinement satisfaits : le poète pouvait l'être, l'amateur, en réalité, ne l'était pas.

Il riait encore de bon cœur et du personnage et de ses prétentions, il s'ébahissait qu'un pareil excès d'amour-propre échappât au ridicule universel et en conclut que les prôneurs du personnage devaient avoir leur part de la même extravagance: il ne se trompait pas.

Mais une autre pensée tarda peu à chasser celle-là: il se rappela cette charmante ouvrière si parfaite de beauté, de grâces, de modestie, et qui par des talens variés rehaussait l'éclat de ses grâces. Elle lui apparut, vision adorable! et son cœur battit à ce mensonge qui lui plaisait tant; mais il songea que cette merveille ne pouvait jusques à ce moment s'être dérobée aux regards des hommes, et par conséquent était-il possible que l'on eût dédaigné de parler à son cœur! Les amans devaient se presser en foule autour d'elle et un... un plus heureux possédait certainement son cœur... Serait-ce Louis! mais il se rappelait que Louis en donnant l'adresse de l'ouvrière avait dit ne pas la connaître. Etait-ce une ruse ou la vérité? ce problême intéressant à résoudre? car Eusèbe aimait déjà, demandait de la science d'observation et Eusèbe se promit de ne rien négliger de ce qui l'amènerait à rencontrer la lumière dont il avait besoin pour se guider parmi ces obscurités.

Il était tard lorsqu'il rentra. Dumar l'attendait, préparé sans doute à tout ce qui aurait lieu: aussi soutint-il avec assez d'indifférence le regard inquisiteur de son ami qui lui dit en même temps:

—As-tu voulu me tendre un piège, ou n'avais-tu aucune connaissance du trésor que cependant tu m'as indiqué?

—Je ne te comprends pas, répondit Louis avec embarras et d'une voix légèrement émue, as-tu un reproche à me faire?

Ces derniers mots déroutèrent Eusèbe qui répondit:

— L'ouvrière que tu m'as indiquée est une fée, ou mieux encore.

—Un ange alors, répartit Dumar, espérant se sauver par de la gaîté de sa position difficile.

— Oui! dit impétueusement le marquis, une créature divine! n'est-ce point là ton opinion?

— Quoi! ta raison serait-elle si ferme, répliqua l'interpellé en se roidissant contre sa joie, qu'il suffise d'un joli minois pour la bouleverser? puis-je savoir s'il mérite ou non ton enthousiasme? il m'est inconnu.

— Je voudrais te croire!

— Pourquoi, s'il te plaît?

— Parce que, et comme tu as eu raison de le dire, je suis fou déjà et crains bientôt de l'être complètement.

— Ce serait dommage, mais j'espère que des beaux yeux, surtout ceux d'une grisette, ne produiront pas ce triste résultat.

— Oh mon ami! je t'ai fait injure, non, tu

ne connais pas cette jeune fille puisque tu en parles avec cette légèreté dont tu ne serais pas capable si tu avais pu l'admirer... Cependant, j'ai prononcé ton nom devant elle et elle a rougi.

— Est-ce d'avoir entendu mon nom, ou du feu de tes regards? Il ne paraîtrait point étrange que si tes yeux en ce moment ont eu l'ardeur qui les remplit à l'heure où nous sommes, une grisette s'en soit trouvée intimidée et qu'en conséquence son front ne se soit coloré.

Eusèbe eut l'air de chercher à admettre pour valable cette raison que lui présentait sous un aspect favorable la manifestation d'un sentiment dont sa jalousie naissante s'était alarmée.

— J'avoue, dit-il ensuite, que mon enthousiasme a dû se manifester avec vivacité.

—Tu auras ému la demoiselle, et elle, troublée et charmée selon toute apparence de l'effet produit, se sera abandonnée à une orgueilleuse modestie.

— Elle ! de l'orgueil ! je jure qu'il n'y en a point dans son âme.

— Ah ! l'habile homme qui se rend caution de l'humilité d'une femme !

—Je la reverrai, se dit Eusèbe plus à soi-même qu'en s'adressant à son ami : je tâcherai de m'instruire de l'état de son cœur : oh ! que ce serait là une maîtresse délicieuse !

— Une maîtresse, la déshonorer ! repartit Louis d'un ton sévère, est-ce donc là le résultat du pouvoir de la beauté de n'aspirer qu'à flétrir sa vertu?

Eusèbe étonné de l'austérité de ce langage, regarda Louis comme pour en deviner la cause.

—Qu'est-ce? dit-il, te voilà sermonnant, en

faveur d'une inconnue, une grisette, d'ailleurs.

—Qu'importe? quel droit as-tu de souiller sa vie? une femme parce qu'elle est pauvre, ne peut-elle être que déshonorée? les respects, la vénération, doivent-ils être le partage unique des filles riches ou de qualité? Est-il possible que toi dont les idées sont si relevées, tu reviens à ce préjugé fatal? Hier, encore, hier, j'étais moi-même un ouvrier, et tu serais venu corrompre ma sœur à titre d'indigente ; c'est une abomination de la société, un travers qui avilit la plus forte partie d'une nation. Dès qu'on est prolétaire, on n'a droit à aucun égard, on ne vous suppose aucun sentiment noble : vous acheter, dans ce cas, est tout ce qu'on vous doit, et vous faire rétribuer un meilleur prix, voilà tout ce qu'on vous accorde. Cette injustice est un crime véritable, une insulte à nos frères, à nos égaux devant Dieu et devant la loi.

La chaleur impétueuse que mit Louis à prononcer cette remontrance, frappa fort et directement dans le cœur d'Eusèbe où tous les sentimens généreux avaient des échos; il rougit à son tour de sa pensée coupable et tendant la main à son ami :

— Tu as raison, dit-il, nous sommes bien irréfléchis lors même que nos prétentions sont extrêmes, il y a peu de vrais sages : j'avoue que je ne voyais dans une liaison avec cette jeune fille qu'un délassement agréable. Elle est si séduisante !... lui plaire m'aurait rendu tant heureux!...ce que j'aurai de mieux à faire sera de ne pas la revoir.

Si Louis n'eût pas veillé avec autant de soin sur les mouvemens de son visage, il y eût laissé lire du dépit qui succédait à son émotion précédente, mais prévenu contre tout ce qu'on lui dirait, il ne laissa rien échapper de ce qui le contrariait dans cette résolution inattendue qu'Eusèbe annonçait. Il se contenta de lui dire que ce serait un grand acte de courage et ce qu'il aurait de mieux à faire, s'il ne pouvait s'approcher de la jeune ouvrière qu'avec le dessein de la déshonorer en l'appelant dans la route du vice.

Fausse Position.

La différence est grande entre aimer et faire l'amour.
— *Inconnu.*

XII.

On parla beaucoup chez les Marsail de ce parent de Raymond, son cousin en second, dont lui-même n'avait pas fait connaître l'existence. On vanta son esprit, ses manières distinguées, il y eut un mot touchant sa fortune, enfin on inspira à Nantilde un vif désir de juger par elle-même si tous ces éloges étaient mérités, on la porta à s'enquérir du moins où M. Dumar lui serait présenté, ainsi qu'à sa mère; on la satisfit sur ce point, et elle sut que son futur en prendrait le soin très incessamment; néanmoins, la chose fut quelque peu reculée; le cousin attendu, atteint d'une indisposition presque grave, dut garder la chambre, on se servit de ce prétexte, car c'en était un, pour retarder cette entrevue à laquelle il semblait se refuser.

Loin au contraire de demeurer chez lui, il s'était mis en course sous les auspices d'Eusèbe, pour rendre ses devoirs aux protecteurs que son ami lui avait procurés. M. Noël charmé de lui, à la première vue, et se rappelant qu'une de ses filles restait encore à établir, entrevit la possibilité d'un *mariage de sentiment* entre elle et Louis Dumar. En conséquence, il le servit avec tant de zèle et d'activité, il seconda si bien le comte de Vaulaire, fit valoir si adroitement les droits que par cette nomination on acquerrait sur *son parent* le marquis de Molène, que la semaine était à peine écoulée, lorsqu'une ordonnance royale, insérée au Bulletin des Lois, annonça la nomination de Dumar à une haute place de finances à Paris, poursuivie dès long-temps par vingt concurrens, tous plus protégés les uns que les autres, sans compter la foule des avides imbécilles passant leur vie à demander tout ce qu'ils savent vacant ou prêt à l'être.

Les ministres eux-mêmes furent surpris qu'une aussi belle proie eût été ravie à quelqu'un de leur famille, il y eut des personnages très irrités de n'avoir pas reçu de pot-de-vin dans cette circonstance... Le château avait parlé, et chacun dut se taire. La fortune enfin, lasse de persécuter Dumar, l'avait pris en fantaisie, et dès-lors aplanissait devant lui les obstacles où ceux qu'elle dédaigne ne manquent pas de se rompre le col.

Dès ce moment, les secours pécuniaires d'Eusèbe devinrent inutiles à son ami, sauf le cautionnement à remettre qu'il compléta dès qu'on l'eut exigé. Il ne voulut pas que Louis quittât la maison, il lui céda pour les bureaux la meilleure partie du rez-de-chaussée, le contraignit à se servir de sa voiture, à continuer à manger à sa table, afin que de fortes économies lui permissent de se recréer promptement une indépendance positive.

Cependant le jour du mariage de Raymond était fixé; le général Lurton ayant appris la nomination de Dumar, était accouru avec une recrudescence d'attachement à cet excellent jeune homme, s'informer de ses nouvelles et s'il ne pourrait enfin venir chez son beau-frère; il ne fut plus possible à Dumar de reculer cette corvée, et par un billet qu'il tâcha de rendre bienveillant, il se mit à la disposition de son cousin.

Force fut également à Raymond de dissimuler la même persistance de haine dont il était animé à l'encontre de son ancien ami, elle redoublait par le fait de sa réapparition dans le monde et par l'obtention de cette place lucrative que lui-même aurait voulu avoir et qu'un inconnu au gouvernement venait d'emporter d'emblée. En courtisan consommé, il cacha son chagrin et répondit à Dumar de manière à laisser croire que l'ancienne affection était rentrée dans son cœur. On fixa le jour; Nantilde, prévenue, se mit sous les armes, une parure exquise rehaussa ses attraits, elle était réellement jolie.

C'était vers neuf heures du soir et au milieu d'une société nombreuse, que Dumar, conduit par Raymond et soutenu par Eusèbe, entra dans le salon des Marsail. Dès qu'on l'eût annoncé, tous les regards se tournèrent vers lui, ceux de Nantilde ne furent pas les derniers à prendre cette direction... un cri lui échappa... cri de surprise, de douleur, d'épouvante; elle crut voir un fantôme, un ennemi armé de vengeance. Ce parent de son mari, ce personnage investi de tant de considération, déjà placé si haut dans l'opinion du monde, parce que des fonctions importantes lui étaient confiées, elle pouvait lui donner un nom particulier. C'était le modeste ouvrier Louis, celui qu'un amour désordonné, qu'une fantaisie inexplicable lui avaient fait aimer avec tant d'imprudence, oui, c'était lui-même, et non sa ressemblance: les yeux d'une femme ne se trompent point en pareil cas.

Nantilde n'eût pas mieux demandé que d'être la dupe d'une illusion pénible; mais non, c'était une réalité fatale. Louis, son bien-aimé, se trouvait dans le salon, il rendait ses civilités à madame Marsail, il allait bientôt être conduit à Nantilde. Oh! combien il fallait que celle-ci se raidît contre les émotions pénibles, pour ne pas laisser deviner l'état souffrant de son âme, pour parvenir à reprendre de l'empire sur ses émotions tremblantes. Troublée, hors d'elle-même, ayant peur de se déceler, soit par l'excès de la pâleur ou par les teintes foncées du pourpre que la chaleur du sang portait à ses joues, elle baissait la tête se mordait les lèvres, et ses doigts se cramponnaient avec violence aux bras du fauteuil.

Cependant un mouvement étranger lui apprit que le moment venait de se vaincre, de soutenir avec présence d'esprit le péril qui s'approchait. En effet, Dumar, entouré du comte Lurton, de M. Marsail, d'Eusèbe, était amené, ou plutôt traîné auprès de Nantilde; il avait reconnu l'embarras que sa présence occasionnait à son ancienne amante; un reste de pitié lui faisait souhaiter qu'elle le déguisât, et pour ne pas l'augmenter, il se promettait d'éviter tout ce qui, en présence de témoins, aurait un sens équivoque et semblerait de la menace ou du persiflage, sauf à se dédommager plus tard.

Ce fut en vertu de cette règle de fatalité à laquelle les époux n'échappent guère, que Raymond eût irrésistiblement la charge de fournir un prétexte à une intimité familière entre Nantilde et son cousin. Il fit de celui-ci un éloge succinct, témoigna le désir que sa compagnie fût agréable à sa femme future, il insista sur ce point, de façon à prêter le ridicule et notamment dans l'esprit de Nantilde et de Dumar. La première, passablement étourdie et dont les impressions vives s'effaçaient avec rapidité, songeant à la liaison antérieure qui avait existé entre elle et Louis, et que par malheur ils ne s'étaient que trop bien convenus, eut beaucoup de peine à retenir un bruyant éclat de rire, et se sentant alors plus forte que jusques-là, releva son front qu'elle tenait encore baissé, et alla regarder son amant.

Louis, préparé de plus longue main à cette rencontre, avait eu le temps de prendre sur soi l'empire dont il avait besoin, néanmoins, il n'avait pu triompher en entier de son amour encore allumé dans son âme, et il fut frappé péniblement de l'hilarité intempestive de sa frivole maîtresse. La vanité se réveilla alors en lui, il se crut provoqué et oublia le projet sage que d'abord il avait réglé, son compliment fut simple mais point affectueux, et il n'exalta pas avec l'emphase qu'ordonnait l'usage, le bonheur dont son cousin était près de jouir.

Nantilde devina que l'amour-propre s'agitait, et elle en eut peur; ses traits se rembrunirent et se remontèrent au ton de solennité qu'exigeait la circonstance, et si bien que les agitations intérieures de ces deux personnages demeurèrent inconnues au groupe attentif qui les environnait.

Cette dernière présentation de famille achevée, le général s'empara du nouveau venu, et le prenant à part, lui nomma et l'instruisit du rang et de la fortune des principaux amis de la maison qui se trouvaient là. Louis l'en eût remercié, s'il avait osé le faire, à tel point il était charmé d'avoir le loisir de se remettre et de pouvoir se préparer à revenir auprès de Nantilde, sans laisser à son âme la peine de s'abandonner à son impétuosité.

Il écouta, ayant ailleurs son attention, les puérilités que lui débita le général, homme emphatique et qui cherchait toujours à relever sa propre importance, en l'étayant sur celles de ceux qui l'entouraient. Dumar put se croire dans un cercle de bonne compagnie, si l'argent et les fonctions suffisent pour en inspirer les manières. Il y avait là des notabilités en multitude, de la haute banque, du gros commerce et de la garde nationale, des officiers supérieurs n'ayant fait leurs campagnes que dans les ateliers, et n'ayant vu le monde qu'en commis-voyageurs.

Les femmes se mouraient d'envie de prendre de grands airs. L'habitude leur manquait, et les formes du comptoir ou du magasin perçaient encore, en dépit de la bonne volonté qu'on mettait à les dissimuler; mais au reste, il y avait là une morgue dure, et sans être tempérée par l'urbanité impérieuse dans ses exigences, une jalousie doublement fondée et de charmes et de position sociale, on y était presque envieuse franchement; on ne pardonnait à la femme du voisin sa beauté, que le grade dont était revêtu son mari, mais non moins que dans les cercles de la noblesse, on ne rebutait pas les hommes aimables, et on était sensible aux attentions des merveilleux.

Dumar, en écoutant toujours le général, jetait un regard indifférent, quoique presque curieux sur la foule qui l'environnait, cherchant par fois à pénétrer jusqu'à la place que Nantilde occupait; il ne pouvait y atteindre, plusieurs groupes interposés entre Nantilde et lui s'y opposaient; le mécontentement qu'il en éprouva se laissa voir, et Eusèbe eut pitié de son ami dont il examinait la contenance, il crut devoir venir à son aide, et s'approchant du général, lui dit quelques mots qui détournèrent son attention. Dumar en profita pour s'échapper, il voulait s'éloigner du général, et sans avoir de but déterminé, un entraînement involontaire le conduisit derrière le fauteuil où Nantilde était assise.

La manière dont mademoiselle Marsail se trouvait placée, lui permettait de voir dans une glace placée en face d'elle, qui arrivait à ses côtés. Le miroir lui montre Louis, et son cœur, à cette vue, se met à battre violemment. Celui de Dumar n'était pas plus tranquille, et pourtant il sentait le besoin d'une explication, non moins que celle-ci devenait nécessaire à Nantilde ; tous les deux se trouvant en disposition pareille, il leur devint facile de se contenter. Louis se penchant sur le fauteuil.

— Convenez, dit-il à voix basse dont les voisins ne pouvaient entendre les sons, que ma présence ici vous intrigue peut-être autant qu'elle vous déplaît.

— Vous êtes injuste, lui fut-il répondu ; mes torts ne m'ont point enlevé mon amour, je cédais à la nécessité, je m'immolais aux difficultés de notre situation respective, pouvais-je raisonnablement et sans être taxée de folie délirante, m'attendre au miracle qui a eu lieu; comment se fait-il que naguère pauvre ouvrier, vous jouissiez aujourd'hui de cinquante mille francs de rente.

— La destinée l'a voulu : un héritage, d'une part, une place fortement rétribuée, de l'autre, sont les élémens de ce prodige.

— Mais vous étiez un ouvrier, était-ce chose réelle, ou bien avez-vous voulu m'éprouver? dans ce cas, vous êtes bien coupable.

— Je ne vous connaissais pas, répondit Dumar, avant la rencontre qui vous montra à moi dans les mansardes de cette maison. J'étais sous le poids de l'infortune, réellement ruiné et contraint à vivre du travail de mes mains. Je ne vous trompai point ; j'avais eu auparavant une position meilleure, j'en conviens; ma prodigalité me l'avait fait perdre, et ne voulant être à charge à autrui, je cherchai en moi mes seules ressources. Un ami véritable est venu à mon aide, je lui dois tout.

— Pourquoi ne vous êtes-vous pas adressé à monsieur Raymond Daclos, votre proche parent.

— Il n'a pu m'obliger à ma fantaisie.

L'inflexion mise à ces mots, donna matière à réfléchir à Nantilde qui, pour mieux apprendre ce qu'elle soupçonnait, demanda si Louis avait été trop exigeant.

— C'est un point, répliqua-t-il, que je traiterai toujours avec peine; qu'il vous suffise de savoir que Raymond ne me devait rien.

— Les malheureux, dit Nantilde, seraient bien à plaindre, si on ne les secourait que par force, il me semble que le seul titre de parent aurait dû suffire à monsieur Daclos, surtout avec le concours de ses richesses considérables; mais peut-être avez-vous refusé ce qu'il vous offrait?

— Je ne me rappelle plus le passé.

— Quoi! l'avez-vous oublié entier, dit à son tour Nantilde, du ton de l'interrogation?

— Je date uniquement de ma nouvelle vie l'ancienne. En effet, que me rappellerait-elle? mes fautes, mes erreurs, l'abandon de tous et l'infidélité des personnes qui m'étaient les plus chères.

— Il y a de l'injustice dans ces paroles irréfléchies, vous ne voulez point faire la part de la circonstance... Quoi! vous voulez oublier celle qui ne vous oubliera jamais.

— Faites-moi la connaître, mademoiselle, je la cherche depuis que j'ai l'âge de raison, et cette chimère ne s'est point réalisée.

— Fort bien, monsieur, repartit Nantilde avec colère, soyez ingrat, c'est l'apanage des nouveaux enrichis.

— Eh! mademoiselle, ai-je cessé d'aimer le premier? ne m'a-t-on pas sacrifié à cette fortune dont on me reproche l'enivrement? suis-je celui qui ai quitté, je vous le demande?

— Et ce droit acquis aux dépens de mon bonheur, vous le conserverez avec cruauté, et lorsqu'il serait peut-être possible de revenir sur le passé...

Nantilde ici s'aperçut qu'elle allait trop loin, et en éprouva une vive confusion, tout en elle le manifesta, et Louis qui, en souhaitant de se venger, ne voulait pas que ce fut au moyen d'une scène publique, se hâta de répondre précipitamment.

— J'ai conservé ma chambre modeste dans cet hôtel, et demain je m'y trouverai certainement à l'heure que vous savez.

Cela dit, il s'éloigna sans attendre la réponse, bien qu'il eût ainsi donné un rendez-vous.

Lorsque les femmes, n'importe leur âge ou leur rang, se sont une fois volontairement dégradées, il est rare qu'elles se relèvent dans leur propre estime, loin de là, on les voit agir en insensées, courir plus vite encore à leur perte, oubliant à la fois leur propre importance et l'inutilité de ces actes, et de ces passions insensées dont un amant dégoûté ne leur tient aucun compte.

Nantilde, au lieu de deviner ce qui se passait dans l'âme de Louis, s'imagina que le rendez-vous qu'il lui donnait serait un acheminement à une réconciliation, que peut-être même il voudrait disputer sa main à Raymond, bien que le jour de la noce fût fixé; aussi se promit-elle de ne pas manquer à l'appel qui lui était fait, et le reste de la soirée s'écoula heureuse pour elle.

Comment on s'accorde.

Deux cœurs vertueux s'entendent sans truchement.
Sagesse des Orientaux.

XIII.

— Dans un cœur où l'amour est entré, les résolutions se succèdent avec une rapidité singulière, jamais on ne pense une heure après comme l'on pensait auparavant, chaque serment surtout dicté par la raison sert de transition au parjure; on peut donc préjuger hardiment de ce que l'on fera par ce qu'on s'engage à ne point faire.

Jamais maxime ne fut mieux suivie que par Eusèbe de Molène; il avait annoncé solennellement à son ami Dumar que pour ne point se mettre en position de séduire la jeune ouvrière, il renoncerait à la voir. C'était tout à la fois héroïque et sage; mais l'entraînement qui le portait vers cette jeune personne, se souleva contre cette promesse légale, et le tourmenta si bien qu'il l'amena selon l'usage à la violer, malgré tout ce qu'il put faire pour se maintenir dans la ligne qu'il s'était tracée. Le prétexte à l'aide duquel s'établit sa capitulation de conscience, se présenta sous un aspect spécieux; il décida que pourvu que les intentions d'Eusèbe fussent pures, et que la vertu d'Ombeline ne courût aucun péril, il serait permis de se présenter à elle et de jouir du charme de sa présence et de sa conversation.

Ce point important arrêté, Eusèbe qui pendant deux jours avait soutenu ce combat intérieur, sortit de chez lui vers le milieu de la journée, non pas en voiture cette fois, mais à pied, portant sous son bras un autre châle. Il aurait pu y joindre plusieurs chiffons du même genre, qu'on lui avait remis pareillement, mais il voulait les réserver pour se donner le droit de revenir plus d'une fois chez cette aimable personne.

Ombeline en le reconnaissant se montra presque émue, et le reçut avec cette grâce facile et candide, qui déjà l'avait enivré; elle n'avait pu encore entreprendre l'ouvrage que déjà elle tenait de lui, et s'en excusa, comme si Eusèbe se fût déjà fâché de ce retard qu'il bénissait au contraire de tout son cœur; un colloque animé s'engagea sur ce texte commun; d'une part on conjura la jeune fille de ne point se gêner, on se montra déterminé à lui accorder tout le temps nécessaire, pourvu qu'elle permît qu'on vînt lui offrir l'hommage d'un respect environné de franchise et d'adoration.

Cela ne fut point dit aussi directement, mais indiqué avec autant d'ardeur que d'adresse. De l'autre part, on répondit en se retranchant dans la nécessité de maintenir la solitude dans laquelle on vivait, dans l'inconvenance morale de recevoir familièrement un inconnu; cette fréquentation nuirait sans doute, et le public s'en inquièterait.

— Je croyais, répondit Eusèbe avec impatience, que le public de Paris ne se mêlait de rien, et que dans cette ville on jouissait d'une liberté sans bornes; y aurait-il au contraire les commérages pénibles dont notre vie de province est empoisonnée.

— Je ne sais ce qui se passe ailleurs, répondit Ombeline, mais ici les voisins forment un pouvoir dont chacun ressent l'influence; notre réputation leur appartient, et c'est pis encore lorsqu'il y a un portier dans la maison; les caquets, les conjectures alors n'ont plus de terme, chaque démarche est mal interprétée, toute visite semble suspecte, et l'on est encore heureux lorsque le secret de la correspondance n'est pas violé.

— Mais c'est épouvantable, s'écria Eusèbe, en province on ne ferait pas mieux. Quoi! ne peut-on recevoir un ami, un parent, un protecteur?

— On le peut, monsieur, mais à nos périls et risques, et en vous autorisant à venir me voir, je craindrais...

— Vous me désespérez et vous n'obtiendrez guère que je renonce à me présenter chez vous, rarement si vous l'ordonnez, mais au moins une fois par semaine.

— Ce serait discret, répondit Ombeline en

souriant, si un autre obstacle n'existait encore, je ne sais qui vous êtes et les assiduités d'un inconnu....

— Je me ferai connaître, mademoiselle, je suis un honnête homme.

— C'est ce que l'on ne manque jamais de dire lorsqu'on se présente, puis il reste à le prouver et ordinairement c'est ce qu'il y a de plus difficile.

— Ah! répartit Eusèbe, vous vous faites un jeu de me tourmenter, ai-je l'apparence d'un batteur de pavé.

Ombeline à cette interpellation lança malgré elle un regard rapide sur toute la personne d'Eusèbe, rougit en même temps et puis dit:

— Il est vrai que rien en vous ne porte à la méfiance c'est un aveu que je me plais à vous faire, mais pour cela n'en êtes-vous peut-être que plus dangereux ; cependant je veux bien vous croire sur parole, mais à condition que vous me donnerez une caution, à laquelle je puisse me plaindre dans le cas où vous deviendriez ce que vous ne paraissez point.

— Une caution, répéta Eusèbe avec mauvaise humeur et qui déjà sous l'empire de l'amour, était incapable de discerner si la jeune ouvrière s'amusait ou parlait sérieusement, où la trouverai-je, dit-il, j'arrive à Paris, et par ma foi, je ne peux vous adresser à des fonctionnaires publics, ou a des jeunes gens de mon âge.

— Et à desdames, n'en avez-vous aucune qui s'intéresse à vous?

— Aucune, mademoiselle, dit Eusèbe d'un ton ferme dont Ombeline fut émue agréablement.

— Alors vous avez raison, repartit-elle avec un air enjoué, je dois ou vous prier de ne plus revenir, ou vous admettre sur votre seule parole.

— Mademoiselle, dit Eusèbe avec cet accent du cœur que le vice imite si mal, ce sera le meilleur parti à prendre, votre confiance illimitée m'imposera des devoirs sacrés dont je ne m'écarterai jamais. Le frein de l'honneur est le plus solide pour des hommes tel que moi, faites en l'épreuve et vous n'aurez pas à en éprouver de regrets.

Ombeline écoutait avec plaisir, et trop naïve pour dissimuler en entier ce qu'éprouvait son âme, elle répliqua avec embarras, pourtant.

— Je ne sais ce qui me porte à vous écouter, c'est la seconde fois que nous nous trouvons ensemble, et je me sens disposée à prendre une bonne opinion de vos sentimens, vous voulez connaître sans doute la vie simple d'une ouvrière, c'est une curiosité que vous satisferez vite et une étude dont vous vous lasserez aussi.

— Ne vous en tourmentez point, repartit Eusèbe enchanté de ce qu'il entendit, j'aurai du plaisir à voir ces jolis doigts courir sur l'ouvrage, mais, ajouta-t-il en montrant le piano et le chevalet, tout me porte à penser que je leur devrai de plus douces sensations; voilà un instrument et un moyen d'étude que vous ne refuserez pas d'employer devant moi aux heures où il est nécessaire que vous vous délassiez d'un travail opiniâtre, je peux vous donner des conseils lorsque vous saisirez le pinceau, et j'ai un méchant violon qui me sert à accompagner quelquefois des virtuoses charmantes.

— Ah! vous employez à me porter vers ce que vous désirez des aides irrésistibles; souvent j'étudie au hasard, je cherche le ton ou la note, et si j'avais un directeur habile...

—Je le deviendrai, mademoiselle, fut-il dit avec feu, je vous encouragerai, si vous diriger m'est trop difficile. Que je serai heureux de payer ainsi la faveur si douce que je sollicite de votre bonté !

— Il va donc résulter de ce nouvel arrangement, que vous deviendrez le maître et moi l'écolière; prenez-y garde, monsieur, vous serez responsable de mes progrès.

— Je voudrais l'être de votre bonheur, dit Eusèbe de manière à n'être entendu qu'imparfaitement.

Ombeline néanmoins le remercia par une révérence profonde faite avec le dessein de tourner en plaisanterie un propos capable d'amener une discussion sérieuse, sur un point qu'il est toujours dangereux de traiter entre deux personnes de l'âge de celles qui étaient là.

Eusèbe heureux de ce qu'il avait obtenu

ne se ressouvint plus des soupçons qu'une jalousie naissante lui avait inspirés, et dont Dumar était l'objet, il s'était promis de s'en expliquer avec Ombeline; mais il se trouvait trop satisfait pour se rappeler se qui pourrait amoindrir son contentement; il crut par délicatesse aussi, ne pas devoir prolonger davantage sa visite et se retira, se promettant de revenir le lendemain, car il prétendait ne point compter cette première entrevue au nombre de celles qui lui seraient permises.

Ombeline, quand il se représenta, le reçut avec cette familiarité aimable, dont l'intimité tire tant de prix. Il était venu à l'heure où il savait qu'elle aurait cessé son ouvrage quotidien dont elle ne s'occupait qu'une partie de la journée; la peinture et la musique furent les textes qu'ils traitèrent d'abord. Eusèbe avait apporté son violon, et il accompagna la jeune fille; puis lorsqu'elle se mit à copier les fleurs dont elle voulait composer un joli tableau, il la dirigea dans le mélange des couleurs et dans les difficultés de l'exposition. Ainsi s'écoulèrent des instans que l'amour employait déjà à son profit, bien que la simple fille crut ne les donner qu'à l'amitié.

Chaque jour Eusèbe s'attachait à elle davantage, il découvrait par degré les perfections de son caractère si pur, si délicat, il était tout ensemble enjoué, sensible, fier et bon; aucune pensée coupable n'en souillait la candeur; le vice lui-même aurait respecté cette innocence gracieuse. Eusèbe lui rendait un hommage passionné; il aimait tant déjà qu'il n'osait rien offrir de ces cadeaux permis en leur position réciproque: il prêtait, disait-il, les partitions et les morceaux de chant qu'il achetait en réalité, mais ni bijoux, ni étoffes ni meubles offerts avec galanterie ne venaient réveiller par leur luxe la conscience d'Ombeline qui ne s'informa jamais du rang qu'Eusèbe occupait dans le monde.

— Pendant que cette liaison se nouait et qu'elle tendait à influencer l'avenir du marquis de Molène, plus libéral assurément que tout le juste-milieu en masse, et de la sage et modeste ouvrière, un autre couple se liant de nœuds irrévocables se lançait courageusement dans la carrière matrimoniale; Raymond Daclos et la belle Nantilde Marsail. Celle-ci n'avait pas manqué à profiter de la situation de la cellule de sa camariste, pour se procurer une dernière fois le moyen de se retrouver en présence de son ancien amant.

En montant à l'étage des mansardes, que de pensées vinrent en foule assaillir la jeune coquette, combien d'une part elle en voulait à la dissimulation du beau Dumar, qui, au lieu d'avouer dès le début qui il était, n'avait pas trouvé de plaisir plus doux, que de se faire passer pour un ouvrier. Cette mystification prolongée était la cause unique de la détermination de Nantilde à accepter Raymond en qualité d'époux. Elle s'avouait que si elle eût soupçonné la position sociale de son amant, au lieu de répondre aux désirs de sa famille, elle aurait tout entrepris pour amener ses parens à lui laisser contracter un mariage d'amour qui par hasard en serait devenu un de fortune brillante.

— Oh ! se disait-elle en cheminant avec lenteur, les hommes... comme ils sont faux et fourbes, nous tromper leur est si doux... Le bizarre caprice... s'abaisser... descendre à la classe inférieure... C'est un original... que je me vengerais, si je devenais sa femme ! cependant, s'il voulait... je suis folle et lui est bien cruel.

Louis Dumar de son côté en indiquant ce rendez-vous, n'avait pas cédé à une recrudescence d'amour, à un désir stimulé par le charme d'enlever à Daclos sa prétendue ; son intention bien différente, n'avait pour but que de connaître à fond celle qu'il perdait afin de guérir plus vite ce cœur où peut-être grondait encore un reste de la tempête que la passion y avait élevée. Il entendit la marche légère de sa volage maîtresse et par un reste de galanterie plutôt que d'empressement, il courut à elle, la rencontra dans le corridor, et la prenant par la main, la contraignit malgré sa résistance à franchir le seuil d'une porte par où, certes, elle ne croyait pas la veille encore jamais repasser. La vivacité empressée qu'il mit à cette action propre à troubler le cœur, émut celui de Nantilde ; il se gonfla de joie : l'amour revenait, pensa-t-il, à celui de Louis et dès-lors ma victoire est certaine. Il en résulta de la part de mademoiselle Marsail, moins d'inquiétude et plus de fierté que peut-être elle n'en aurait mis à ce début de conversation.

— Vous avez voulu me voir encore, et j'y ai consenti sans trop comprendre ce qui peut vous inspirer une telle envie, car ne m'avez-vous pas dit que tout était rompu irrévocablement entre nous.

Malgré l'intention réelle de Nantilde de ne mettre que de l'aigreur et de l'affectation à ses paroles, un sentiment secret, plus vif, plus impérieux lui prêta quelques-unes de ces inflexions douces et mélancoliques si vibrantes dans l'âme de qui sait les apprécier ; Louis les aperçut et en prit de l'avantage ; aussi plus calme et en entier maître de soi :

— Il est vrai que si je n'eusse consulté que les convenances et votre manière d'agir, je me serais maintenu en de-là du mur immense qu'il vous a plu d'élever entre nous ; cependant comme je tiens à ma réputation d'honnête homme, il m'a semblé convenable d'écouter en liberté, de répondre, ce que dans un cercle nombreux on ne peut faire, les plaintes qu'il vous plaira de me faire touchant ma conduite antérieure et les reproches que vous avez peut-être a m'adresser, je me justifierai je l'espère.

— Quoi monsieur, même de votre déguisement? de la position mensongère dans laquelle vous vous êtes placé envers moi et qu'il ne vous a pas convenu de changer, lorsque ma franchise et ma confiance avaient été aussi loin qu'il leur était donné d'aller l'une et l'autre.

— Me ferez-vous un crime de ce qui vous élevait à mes yeux? m'envieriez-vous l'attrait que je trouvais à voir tant de bonté et un rang si supérieur au mien m'adresser un sacrifice qui vous assurait à jamais mon amour et ma reconnaisance? Un misérable ouvrier sans parens, sans nom quelconque, s'était-il montré à vous comme le rejeton infortuné d'une famille illustre ? vous a-t-il parlé de ses richesses disparues, de ses blasons brisés par le malheur? a-t-il tenté à conduire la pitié vers la séduction? non, au contraire je me suis mieux enveloppé dans mon simple manteau; j'ai sauté à bas de l'échelle sociale, j'ai dit ma pauvreté, mon obscurité permanente. Ah! mademoiselle, convenez-en, si c'est là une séduction, avouez que sa forme est nouvelle, mais pour condamnable, elle ne l'est pas.

— Et moi, monsieur, je soutiendrai le contraire, son astuce, sa duplicité : vous avez reconnu en moi une créature faible, passionnée, capable de tout immoler à un amour réel; vous avez voulu devoir à vous seul ma tendresse, vous a-t-elle manqué, je vous le demande? et dites-moi comme vous l'en avez récompensée.

— Mais il me semble répartit Louis, que mon nom accolé à celui d'une jeune et jolie parisienne n'est affiché dans aucune mairie de la France, et que les bancs de mon mariage ne sont pas chaque dimanche proclamés en chaire, dans une paroisse de Paris.

—Oui, triomphez de votre manège, prenez avantage d'une faute ressortant de votre fourberie. Ah! si je vous eusse connu, pensez-vous...

— Au nom de Dieu, mademoiselle, dit Dumar avec autant de chaleur que de solennité, craignez de descendre au-dessous de vous-même en me rappelant le passé ; serait-il possible que me trouvant bon à vous rendre mes hommages, vous ne m'eussiez pas cru digne d'aspirer à votre main.

Le reproche sanglant recouvert par cette formule polie n'en perça pas moins le cœur de la coquette parisienne ; elle se mordit les lèvres, rougit, baissa les yeux, puis les relevant et cette fois les montrant étincelans de colère :

— Aurais-je dû m'avilir doublement, n'était-ce pas assez de l'être comme maîtresse, il aurait fallu comme épouse...

Louis vivement l'arrêtant au milieu de cette phrase inconvenante, et dont le dépit pouvait seul cacher l'indignité à celle qui la prononçait, Louis, dis-je, demanda à quel jour était fixé la noce de son cousin Raymond Daclos avec mademoiselle Nantilde Marsail. Cette question, tombant au milieu d'une conversation animée, acheva d'exaspérer la jeune fiancée, qui répondit avec non moins d'impétuosité :

— Eh! monsieur, pas assez tôt jamais pour mon bonheur et pour votre ingratitude.

— Je dois avoir l'honneur d'en être le premier garçon.

— Et vous serez le témoin de la joie que cet hymen m'inspirera. Je sais que Raymond ne possède qu'à demi vos qualités brillantes, mais du moins on sait qui il est, et sous une fausse apparence, il n'abuse ni de la tendresse ni de la crédulité.

— Volage, répondit Louis, femme vaine et légère, qui a reculé devant le malheur de ma position, qui a préféré un mariage où elle ne trouvera que des chagrins, à une union obscure qui eût assuré sa félicité constante.

— J'aurais été la femme d'un ouvrier.. je serais tombée aussi bas !

— Je croyais que la chute était faite.

Nantilde, une autre fois, rougit, détourna les yeux.

— Vous êtes le dernier des hommes, il ne vous manquait plus que de faire faute de générosité, que d'humilier lâchement celle par vous déshonorée.

Louis, entraîné par sa colère, avait en effet outrepassé ces barrières sacrées qu'un homme de bien ne franchit dans quelles circonstances que ce soit. Egaré, poussé par sa passion, sa bouche avait laissé échapper des paroles qu'il déplorait amèrement, et lui, à son tour, le front pâle et baissé, écoutait sans l'interrompre, ce que le désespoir et la honte d'une insensée lui inspiraient à juste titre contre lui. Nantilde, dont les pleurs coulaient avec abondance et qui suffoquait, à tel point les soupirs cherchaient en foule à se faire un passage, se laissa tomber sur le pied du lit de son amant, et demeura comme anéantie.

Un long silence suivit cette attaque réciproque et véhémente. Louis Dumar, cédant à une inspiration de la vertu, et lui qui, depuis un peu de temps, marchait à pas précipités, s'arrêta devant mademoiselle Marsail, la regarda fixement, et croisant ses bras sur sa poitrine.

— Ecoutez, Nantilde, dit-il, écoutez un homme que vous accusez sans motif, et qui ne s'est rendu blâmable que de l'instant même, écoutez-le, mais attentivement, pesez-bien ses paroles, elles décideront de notre double avenir. Est-ce moi ou ma position actuelle que vous regrettez ? m'auriez-vous honoré de tant de regrets, si je fusse demeuré dans ma misère précédente, c'est ce qu'il serait difficile à un cœur ordinaire de savoir, tandis que le mien s'en éclaircira en moins d'une heure. Vous savez maintenant qui je suis, mon nom, ma famille, mes alliances; j'ajoute ces avantages, si cela en est, à ceux que je tenais, à mes yeux, de ma jeunesse, de mes moyens et de ma personne; mais je les borne là, je les sépare de l'héritage de cette parente inconnue, de la riche et très lucrative place que je tiens du gouvernement, je vais sur-le-champ donner ma démission, renoncer à tout ce qui m'est tombé du pays des chimères, je coucherai ce soir dans le lit que votre corps foule maintenant, et demain, reprenant mes pinceaux, je serai l'obscur, l'insignifiant artiste Louis Dumar ; alors je vous demanderai en mariage, vous ferez, pour obtenir de vos parens le consentement à notre union, tout ce qu'un cœur noble, généreux, pur et chaste, fait en situation pareille. Nous partirons de bas, de très bas, sans doute, mais qui sait où une tendresse mutuelle nous servant d'excitation, et une persévérance continue nous feront remonter. Vous le voyez, je vous sacrifie le certain ; faites-en autant de votre côté, abandonnez l'éclat du monde, votre rôle dans la société, le luxe de votre parure, et ne nous retrouvons qu'en présence de notre amour... lorsque je vous prenais pour une petite-maîtresse, lorsque vous voyiez en moi le prolétaire misérable, mais industrieux.

A mesure que Louis parlait, à mesure qu'il développait cette nouvelle et étrange manière de prouver qu'il y a encore sur la terre des âmes dignes de servir de temple à la vertu, Nantilde, étonnée, confondue, anéantie même, se sentait transportée vers un monde nouveau, dans une création au-dessus de son intelligence. Rien, avant cet instant précis, ni dans sa famille, ni dans ses alentours, ni même dans ses idées, n'avait pu la préparer à une telle abnégation; elle se voyait d'ailleurs en dépit, ramenée à cette gênante et pénible situation dont elle s'était crue sans retour affranchie. Quoi! elle abandonnerait le million de sa dot, la succession bien autrement élevée de ses parens, celle de ses oncles, son rang social, et tout cela, pour faire assaut d'amour avec un insensé! Et que deviendrait-elle, si cet amour lui-même s'éteignait comme c'était possible, comme hélas! le faisait présumer tout ce qu'elle pouvait avoir d'expérience; aussi, se levant et faisant plusieurs pas comme pour se rapprocher de la porte :

— Louis, dit-elle, vous êtes fou, je ne vous croyais qu'ingrat et dissimulé ; ce que vous proposez est-il acceptable, votre raison ne vous en fait-elle pas concevoir l'extravagance, je devrais dire la niaiserie ? Vous possédez une belle fortune, une existence agréable, je suis riche, je tiens dans le monde une place que tant d'autres envient ; et vous et moi nous perdrions tout cela par l'effet de votre caprice ; nous nous précipiterions volontairement dans les ténèbres de la vie de prolétaire ; votre femme deviendrait une grisette, j'aurais pour mari un compagnon du devoir...

— Vous l'avez eu pour votre amant, dit Louis, encore emporté par la colère.

— Eh bien ! à quoi bon doubler la faute lorsque surtout on en déplore encore la première partie. Adieu, monsieur, réfléchissez à ce que vous êtes, à ce que je suis, à la réparation qui m'est due... je l'attendrai jusqu'à demain matin.... demain au soir il ne sera plus temps.

Elle dit, et dominée par son orgueil, par les conseils de la vanité, cette ennemie éternelle de l'amour, elle s'échappe avec la légèreté d'une sylphide qui s'arrache aux approches du jour des bras d'un amant chéri pour aller rejoindre dans les cieux ses compagnes immortelles. Nantilde en s'éloignant soupira, non moins que la reine de l'air, et ses soupirs ne furent pas sans amertume; car elle se reprochait et sa faiblesse passée et celle présente, qui la portait à ne pouvoir vaincre encore ce qu'il lui plaisait d'appeler de l'amour.

Louis Dumar, de son côté, la vit partir avec un mélange de chagrin et de satisfaction il se disait : Non, cette femme ne ferait point le bonheur de ma vie, c'est ma charge, c'est mon héritage prétendu qu'elle regrette, certes, je ne les mettrai pas à ses pieds.

Les vingt-quatre heures s'écoulèrent, aucune lettre ne vint à Nantilde de la part de son premier amant, et dans son courroux, elle dit à Clarisse : Crois-moi, n'aime jamais, et surtout ne préfères point un amant à un mari.

Quelques Originaux.

> Le fouet de la satire ne doit pas hésiter à frapper là où les ridicules éclatent.
>
> *Morale des Orientaux.*

XIV.

Ce furent des noces somptueuses, que celles où l'on appela les notabilités modernes du... arrondissement et où mademoiselle Nantilde Marsail joua le premier rôle. Depuis longtemps on n'avait vu dans la cour de la mairie une aussi brillante réunion de voitures et de livrées élégantes. L'ancienne noblesse réserve tout son luxe pour l'intérieur, elle n'a pas besoin de frapper les yeux pour constater ou rappeler son existence. La nouvelle, au contraire, sent le besoin de prendre date et pour cela, fait du bruit, remplit la rue de fracas et de magnificence.

Les Daclos, les Marsail, le pair Clipart, le lieutenant-général comte Lurton firent assaut de faste ; *il n'est chère que de vilain*, dit le proverbe, et certes, ici il fut en plein vérifié. Les équipages, les habits, les voitures, les pierreries, les meubles, les dorures, les glaces, les repas, tout parut resplendissant, tout alla en *empirando*; il y eut dans la grande banque, dans le haut commerce des jalousies sans pareilles, et on s'indigna que sans banqueroute complète *ce monde-là* pût suffire à un tel appareil.

Cette maligne compagnie, malgré sa haine

cachée, ne se recula point de ces heureux du siècle, elle s'y porta au contraire, elle encombra les salons des nouveaux époux, chacun félicitant Raymond sur son bonheur : ce qu'on admirait particulièrement, c'était la tendresse réciproque de ce nouveau couple; il s'adorait disait-on, et trente poètes de toute secte lui promirent

. . . . . Des jours filés d'or et de soie.

Nul ne remarqua, pendant la cérémonie, la mélancolie profonde qui couvrait le front de la jeune femme, et l'inquiétude mal déguisée qui se montrait sur celui de l'époux. Il semblait attentif au moindre bruit; alors il tressaillait, pâlissait, s'agitait, portant autour de lui des regards remplis de trouble et même presque d'épouvante, puis rassuré par le calme qui régnait dans cette compagnie nombreuse, il replaçait le sourire sur ses lèvres, jusques au moment où la moindre tourmente le rejetait dans son premier état d'oppression.

Aucun incident fâcheux ne troubla la cérémonie ; elle fut poursuivie et parachevée en pleine paix. Le digne magistrat municipal débita passablement la harangue traduite de son premier commis, il vanta l'ancienneté des deux familles, leur probité de vieille roche, leur fidélité héréditaire au roi, bannalités vulgaires, dont on repaît la plèbe, à qui elle a cru, dont elle commence à rire en attendant qu'elle s'en fâche ; parmi nous, chaque chose a son temps.

Les gratifications données aux complimenteurs déhontés, qui en pareille circonstance, viennent arrogamment prélever l'impôt de l'effronterie sur un stupide orgueil, on quitta la maison-commune, si je peux employer sans péril une expression révolutionnaire et l'on s'en alla recommencer à la paroisse. Mes principes religieux m'interdisent de flétrir comme je le devrais la hideuse rapacité dont des hommes sans retenue profanent la maison du seigneur : hélas ! en dépit des saintes lois du christianisme si pur, si désintéressé, si divin, des misérables revêtus d'habits pontificaux, spéculent indignement sur les trois grandes époques de la vie de l'homme, sa naissance, son mariage, et sa mort, pour soutirer à lui ou à ses ayant-cause au-de là de ce qu'il peut réellement. Le pouvoir administratif ne devrait pas céder à cette pillerie sans seconde qui nuit à la religion, et qui suffit pour écarter d'elle des dissidens prêts à rentrer dans le giron maternel de notre sainte mère ; ils sont repoussés à l'aspect de tant de bassesses et d'audace par le mélange de cynisme et de piété.

La vanité réunie des Marsail, Lurton, Daclos lutta péniblement contre ces exigences inconcevables, qui les saisirent corps à corps dès le premier pas posé sur le territoire ecclésiastique sans les abandonner, même lorsqu'ils remontèrent en voiture ; tout ce qu'on leur demanda, tout ce qu'ils accordèrent, ce qu'ils refusaient, par effroi, de l'immensité de la requête, ne se peut imaginer.

Dès que des familles supposées riches, entrent dans une église de Paris, on doit s'attendre à les en voir sortir complètement dépouillées, on regrette de ne pouvoir leur enlever les vêtemens qui les couvrent ; on s'en dédommage aux dépens de leur bourse, qu'elles doivent se résoudre à remplir et à vider plusieurs fois.

Enfin tout terminé le *conjungo vos* bien et dûment prononcé, payé cher car, pour l'obtenir, on a financé jusque dans le tribunal de la pénitence, on rentra, dis-je, chez les Marsail, où logeraient les nouveaux époux, *le couple heureux, les tourterelles assemblées*, ainsi que les qualifiait Foursival dans des couplets commandés par lui à un feuilletonnier, qui entreprenait tout ensemble et les réputations à tant la page et les épithalames à tant les vers.

Ici un repas somptueux attendait l'assemblée; on n'avait invité que les parens au degré de cousin-germain, que les amis intimes, et cent vingt-neuf convives se trouvaient rassemblés pour admirer à leur aise la splendeur de ces heureux du jour. Là on remarquait toutes les notabilités actuelles, les quelques noms d'autrefois liés perpétuellement à ceux d'aujourd'hui; ces grandeurs à demi-éteintes et ravivées par leur froissement avec les dispensateurs des lumières modernes, ces hommes d'état si purs de pots-de-vin, ces financiers si délicats sur leurs moyens de faire fortune, ces magistrats qui tournent en ridicule les niais parlementaires (ils ont raison), ces jeunes administrateurs graves qui ont réalisé la vieille plaisanterie de Molière, les gens de qualité savent tout sans avoir rien appris, puis la foule des affamés, des avides, satellites obligés des excellences, étoiles nébuleuses qui tendent à briller de cet éclat qu'on ne veut plus leur accorder.

Là encore on remarquait de jolies femmes, vêtues avec une magnificence étourdissante la grâce manquait à leurs grâces et, parfois un mot incongru se posait en certificat d'origine et démentait le luxe princier qu'on leur aurait voulu faire admettre pour de bon aloi Dans ces jeunes cœurs s'élevait une cruelle envie, dont la belle Nantilde était le but; aucune des ses *parfaites amies*, quoique toutes comptassent parmi les enfans de Plutus n'atteignait à la fortune que celle-là possédait, grâce à ses parens : elle avait tant de bijoux, de pierreries, de diamans, d'étoffes de soie, de velours, de dentelles, tant d'objets de prix, que nécessairement il fallait la jalouser et aller pour elle jusqu'à la haine.

La belle mariée, du reste, affectait une nonchalance si supérieure, un abandon tellement vaniteux, qu'il était simple qu'on la prît à détestation et qu'on demandait déjà non à Dieu, mais au diable, de la conduire vers un écueil où, malgré son habileté elle chavirât à la satisfaction générale.

— Aura-t elle bientôt un amant, disait à Mme Siberre, femme d'un marchand de vins en gros, la jolie *épouse* d'un riche drapier.

— Mais je présume que la chose n'est pas à faire, fut-il répondu en riant.

— Vous croiriez...

— Oh! j'ai des yeux, j'examine, j'observe et je finis par tout voir.

Qu'avez-vous vu ?

— Notre candide mariée avait dans ses regards, au moment de la cérémonie, autre chose que le contentement d'un amour satisfait; j'y ai reconnu du dépit, de la mauvaise humeur, que sais-je encore, les agitations d'un cœur arraché à ce qu'il aime pour passer sous le joug de ce qu'il doit aimer.

— Mais cet amant, où serait-il ?

— Dans le ruisseau, peut-être.

— Oh! méchante, une des nôtres descendre aussi bas !

— Descendre, non, se remettre au niveau primitif, soit. Qu'est-ce que les Marsail, les Lurton, les Clipart.

— Eh! comme nous, familles de commerce.

— Vous en parlez à votre aise, repartit aigrement la dame interpellée; mes pères et ceux de M. Siberre étaient gros colliers de leur partie. Nous ne datons pas d'hier.

— Vous n'êtes pas les seuls à avoir des ancêtres, répliqua presque courroucée la mignonne dame Pastil. Mon père avait un grand' oncle qui, sans la révolution, aurait pensé à se faire nommer au conseil de son endroit, et mon aïeul maternel était avocat; ce qui n'est pas peu dire. Que sont les Marsail près de nous? Ainsi donc vous présumeriez qu'un commis de son père...

— Ou un joli porte-balle. Qui sait? Il y a au coin de leur rue deux ou trois superbes Auvergnats...

— Vous regardez ces espèces...

— Oui, ma chère; depuis la révolution de juillet, le peuple étant rentré dans son droit de souveraineté, chacun de ceux qui le composent est roi pour sa part, et lorsque ce sire a de riches formes et une figure à l'avenant, je ne vois pas pourquoi on dirait fi de sa majesté.

Ces dames se regardèrent, et leur gaîté attira vers elles un libraire, gros garçon, aussi sot que possible, et en conséquence n'éditant que des gens d'esprit; despote insupportable dans sa maison de commerce; en dignité dans la garde nationale, il se posait en Lovelace de son quartier, avait des bonnes fortunes qu'il tenait pour réelles, et à force de ridicules se distinguait parmi ses pareils.

Il était en ce moment occupé à se draper avec son foulard, et se ressouvenant des grands airs d'*un de ses auteurs*, il essayait en orang-outang habile de le copier mine pour mine, geste pour geste; mais la raideur des membres, la vulgarité d'un ensemble frappé d'ignobilité, ne le contraignaient qu'à être la caricature de celui qu'il prétendait rappeler trait pour trait. Ailleurs on aurait ri du beau fils; mais chez Daclos on le trouvait admirable, et tous les commis, fils de maîtres, qu'à ce titre on avait invités à la fête cossue, portaient sur lui un coup-d'œil d'envie. Les jeunes femmes lui trouvaient un *bon ton*, et Madame s'indignait que M. Cottemper ne se fût pas encore attelé à son char. Madame Pastil, si elle eût été franche, aurait pu lui en dire la cause. Aussi tourna-t-elle à demi sa charmante tête, pour cacher la rougeur involontaire qu'appelait sur son visage l'approche du libraire séducteur.

— Je gage, dit-il en abordant ces dames qu'il ne salua pas, non par oubli mais par belle ignorance, je gage que le prochain est pour quelque chose dans cette hilarité.

— Hélas! ajouta Mme Pastil, je ne sais que médire.

— Aussi êtes-vous adorable, s'écria le libraire passionné et comme emporté par un élan de son cœur, persuadé d'ailleurs qu'il venait de dire quelque chose de spirituel; il se promena et son regard rapide, interrogea les alentours; celle qu'il proclamait ainsi dame de ses pensées fut encore plus embarrassée, et madame Siberre courroucée, repartit à la place de celle qui se taisait :

— Ah! monsieur Cottemper, les nouveaux

cultes sont interdits, voyez avec quelle peine le pauvre abbé Chatel peut élever le sien.

Ceci encore passa en forme d'épigramme. L'homme qui vend des livres, l'accepta pour tel, si bien lui aussi fit la moue et se montra décontenancé; je ne sais, si on ne se fut pas mal mené de paroles dans ce groupe isolé, si Nantilde ne fût venue causer avec les deux femmes. Cette prévenance qui flatta leur amour-propre, ramena sur leur front la sérénité habituelle et elles se mirent lâchement à vanter celle que tout à l'heure elles avaient déchirée avec si peu de charité chrétienne. Quant à M. Cottemper, il déploya, vu la circonstance, la grosse galanterie en usage dans son magasin, et il aurait poussé loin ses pointes auprès de ce trio de grâces modernes, s'il n'eût vu entrer M. de Cielpur ce haut littérateur, qui naguère avait reçu le marquis de Molène si superbement; Cottemper savait que ce chef de l'école moderne se préparait un succès colossal, qu'il y destinait une somme énorme et il aurait voulu être celui qui en apparence, accordait cinq cent mille francs de deux volumes in-dix-huit.

Ce fut donc en essayant de se courber encore plus bas et en imprimant à ses traits stupidement présomptueux, un respect solennel par trop comique et néanmoins jugé encore trop arrogant par le modeste homme de lettres, que messire Cottemper aborda celui-ci, qu'il le torréfia du feu de son encensoir; et que le séparant de la tourbe écrivassière, il le montra bien au-delà du septième ciel empyrée.

De telles manières ne laissaient pas, que de disposer pour lui le comte de Cielpur, qui d'un ton probateur et essayant la magie irrésistible d'un sourire lui frappa sur l'épaule et dit :

— Mon cher, venez demain me demander

à déjeûner, la Comtesse est à la campagne, nous parlerons affaire ; peut-être me déciderai-je à vous charger du débit de mon dernier chef-d'œuvre ... c'est un volcan auprès de celui qui l'a précédé; eh ! néanmoins que ce dernier était incomparable à toutes les productions humaines! Je suis étonné chaque fois que je me surpasse, et, mon très cher, cela arrive chaque fois que j'enfante un nouvel écrit.

Une Actrice nouvelle.

Les mœurs ressemblent à un rang de perles : rompez le fil, toutes partiront l'une *après l'une*.

RESTIF DE LA BRETONNE, *jusqu'à l'avant-dernier mot inclusivement.*

M. DE LAMARTINE, *pour le dernier mot seul.*

Suum cuique. (A chacun son droit.)

XV.

Raymond fut installé cérémonieusement dans sa nouvelle demeure par les parens de sa femme; l'appartement que le jeune couple devait occuper dans l'hôtel Marsail, remplissait tout un corps de logis, au rez-de-chaussée, les cuisines, les écuries et plusieurs autres pièces servant de cabinet ou de magasin, suivant la profession du mari. Au premier, logerait madame Nantilde Daclos, là et précédant la chambre à coucher que j'ai décrite plusieurs salons, une double antichambre pour les valets de la maison et les étrangers, deux salles à manger de grandeur inégale, une galerie en faisaient une habitation somptueuse aussi remarquable par la grandeur des pièces que par le luxe de l'ameublement.

Au second, se trouvait l'appartement particulier et plus exigu de Raymond, là il jouirait d'une indépendance absolue, là il recommencerait à volonté la gente vie du garçon s'il lui plaisait de la reprendre ; sa femme avait cherché en lui reservant sa pleine indépendance, de consolider la sienne, bien qu'elle eût fait valoir avec éclat sa renonciation à une jalousie bien permise lorsque l'on avait un époux aussi élégant et à qui certes les bonnes fortunes ne manqueraient.

Tout cela de part et d'autre avait eu lieu avec une ostentation, un éclat de Tartuffe, et surtout signifiant le contraire de ce qu'au fond on aurait dit si la franchise eût été un jour là une vertu de mise. Quoi qu'il en fût, Raymond avait accepté ces facilités de liberté à laquelle il attachait un prix extrême. Il se passa ce premier jour de la lune de miel; inquiet, embarrassé, ayant l'œil au guet, l'oreille tendue et ému comme s'il eût dû s'attendre à une scène extraordinaire et fâcheuse; son usage du monde, l'empire que les habitués de celui-ci savent prendre sur eux-mêmes parvinrent à vaincre sur les traits du nouveau mari, ce qu'il y avait de désordonné dans son âme; charmé de se sentir supérieur à la crainte, heureux en même temps de ce que rien ne l'autorisait, il entra charmé dans sa nouvelle habitation.

La matinée avait été péniblement occupée

par la double cérémonie du mariage civil et du mariage religieux, un grand repas était venu à la suite, puis un concert, un bal, en un mot une fête complète, véritable tourbillon, au milieu duquel chacun se perdait sans savoir où il se trouverait. Raymond à cet instant et sous le prétexte convenable de changer de costume, demanda aux grands parens la permission de passer dans son appartement particulier, dans sa garçonnière dit-il, d'où il partirait pour aller occuper solennellement la demeure commune.

La requête fut accueillie avec gaîté, monsieur Marsail, le général comte Lurton voulurent pour cette fois dernière lui faire les honneurs d'un hôtel dont il allait devenir le commensal, ils le conduisirent donc avec une gravité affectée, vers ce deuxième étage qu'on lui abandonnait, on le lui fit parcourir en entier dans les détails, dans l'ensemble ; on eut soin de lui faire remarquer qu'en outre de l'escalier d'honneur, deux autres secrets complétaient les commodités du lieu ; car par l'un il arriverait à la chambre à coucher de sa femme non directement sans doute, mais après avoir suivi un long corridor garni de pièces de décharge et de chambres destinées aux soubrettes de Nantilde. Le second par un détour adroitement ménagé, conduisait à une porte extérieure indépendante de la surveillance du portier, aussi la clé n'en était confiée qu'aux maîtres.

On fit singulièrement valoir ceci au nouvel époux, il eut l'air d'accepter avec nonchalance ce moyen de pleine liberté, lorsque *in petto*, il l'élevait à sa valeur légitime. Le beau-père et l'oncle étaient encore avec lui, lorsque Loyer, son domesique en chef et confident depuis dix ans de ses actes les plus ténébreux, entra d'un air agité, qu'il réprima vite à l'aspect des deux accolytes que son maître s'était donné momentanément.

Raymond avait du premier coup-d'œil deviné, que son valet de chambre avait à lui dire quelque chose de mystérieux, d'important et de pressé, il songea à ce que cela pouvait être; et en même temps, il parut empressé de réparer le désordre prétendu de sa parure.

— A votre aise, mon gendre, dit le père de Nantilde, vous êtes chez vous, et à aucun prix je ne voudrais vous importuner.

— Quant à moi, ajouta le général, j'aime la solitude, quand je me vêtis; peut-être mon beau neveu, que vous ne pensez pas comme moi, en conséquence trouvez bon que vu la fatigue, j'en use à la *franquette* et que j'essaie si Gay, notre habile tapissier, a rembourré convenablement les fauteuils qui au moins paient de mine.

Cela débité, M. Lurton s'assit de tout son

poids, et cette familiarité dans ce moment, impatienta Raymond, qu'elle contrariait toute mesure : les regards d'ailleurs de Loyer lui prouvaient le besoin qu'il avait d'être seul, il se détermina à faire péniblement un acte de franchise d'autant plus à propos que le beau-père si empressé de partir, imitait le général et s'accommodait de la seconde bergère.

— Il est entre nous, monsieur le Comte, plus d'un rapport de sympathie, dit enfin Raymond, et tous de plus en plus me sont précieux au degré suprême; par exemple, ma pruderie est telle que je ne saurais me déterminer, hors d'une solitude absolue, aux moindres travaux de la toilette : ah ! l'on a bien raison de dire que les familles sont véritablement heureuses là où les opinions et les habitudes sont en commun.

Ce galimatias sentimental fut débité avec une chaleur telle, que le vieux couple malgré sa bonne envie de demeurer à la place qu'il s'était adjugée, comprit la nécessité d'une retraite pleinement ordonnée par les convenances; en conséquence le beau-père et l'oncle, à la fois, levèrent le siège, et ne le prolongeant plus que par des complimens obligés affectèrent une fugue impatiente attendue par le gendre et neveu.

Celui-ci accompagna le couple respectable jusqu'à la première antichambre ; là se séparant de lui, il prit soin de fermer la porte extérieure à double tour et se mettant à courir jusqu'à ce qu'il eût rejoint son domestique dans la chambre, et alors.....

— Oh! comme ces honnêtes gens me pesaient, que leur persistance m'était insupportable, eh? bien Loyer, qu'as-tu à me dire; quel malheur m'assiège-t-il; à quoi peut-il parer,.. parles, réponds... Oh! le niais qui porte le trouble dans mon cœur lorsqu'il ne peut le dissiper et qui maintenant où nous sommes tête-à-tête pourrait me parler librement, garde le silence et se rend insupportable.

— A quoi bon prendre sur soi le soin des mauvaises nouvelles, repartit le valet, lorsque là tout auprès nous avons eu ce bienheureux jour, le diable en personne ou du moins qui bien lui ressemble. A ce propos peu rassurant le visage de Raymond devint pâle, ses yeux se tournèrent machinalement vers la porte d'une salle voisine que Loyer lui désignait du doigt, et il y eut un instant où ce cœur méchant et faible s'imagina réellement qu'il tarderait peu à devenir le témoin de quelque apparition surnaturelle et formidable.

A peine s'il osait regarder de ce côté, ce qu'il y a de sûr, c'est qu'il cessa de questionner son valet et que se maintenant dans un silence étrange, il attendit la venue de qui justifierait l'attestation effrayante de Loyer.

Il resta peu dans cette incertitude, l'un des battans de cette porte malencontreuse venant à s'ouvrir lentement, il en sortit une femme âgée à peu près de vingt-cinq ans. Belle encore, non de ces grâces pudiques qui ont tant de charmes, mais audacieuse, téméraire, effrontée, taillée sur le modèle de ces créatures décidées, qui ne doutent de rien et dont la vie entière est le désordre du vice sans aucun attrait de la vertu.

Celle-là mesquinement vêtue relevait la pauvreté du costume par l'aisance de sa démarche, la hardiesse de son regard propre à faire connaître en partie l'histoire scandaleuse d'une personne qui manquant de pudeur, n'avait jamais cherché de refuge dans la modestie. Elle avait dû être belle, ce qui restait d'un éclat passé, la montrait éblouissante, la peau quoique fatiguée resplendissait de blancheur, un coloris factice remplaçait celui que les excès, les chagrins et une existence désordonnée avaient fait disparaître. La bouche était flétrie, mais elle restait petite et parée de dents admirables; de magnifiques cheveux noirs ornaient un front et un cou, d'albâtre, les bras ronds potelés conservaient mieux leur forme primitive que la taille déjà chargée d'un peu trop d'embonpoint ; les mains et les pieds types de la position primitive de cette femme, ne répondaient pas non plus que le ton de la voix à tant d'attraits parfaits encore où triomphait désagréablement la nature primitive; celle que l'art n'avait pu vaincre et qui se montrera en fâcheux certificat d'origine à ceux-là qui ont intérêt à lire ce livre ouvert dans une vie antérieure que l'astuce d'une part et les grâces de l'autre voileraient assez complètement.

Mais si la beauté régnait encore dans cette femme ; si elle pouvait espérer des conquêtes ; elle ne devait plus les établir dans ces cœurs calmes et vertueux, dans ceux que les passions n'ont pas émus et qui ont continué à porter leur hommage aux qualités réelles, aux sentimens positifs, ceux-là n'avaient reconnu en Joséphine Raffin, qui portait, dans un certain monde le nom sonore de madame de Saint-Montalban, les agitations de tous genres, les accidens d'une vie dissipée, les inquiétudes d'une âme facile à recevoir les impressions qu'elle transmettait avec une activité pareille; en un mot, tout ce qui entraîne une femme loin de la route du devoir, et qui l'égare dans le sentier fleuri du vice en attendant le jour du châtiment qui tarde peu à se lever, qu'on ne sait pas prévoir et qui toujours surprend à l'improviste.

L'historien qui aurait tenté d'ébaucher seulement les annales de cette femme extraordinaire, se serait fortement arrêté presque à chaque pas dans la carrière étrange, où elle seule marchait avec tant de facilité : que de fois elle avait aimé, *que d'autres, cédant à un amour irrésistible, elle avait allumé les flambeaux de l'hymen.* On lui connaissait plus de maris que d'amies, plus d'anecdotes scandaleuses que d'actes d'énergie délicate et de haute probité.

Raymond à sa vue recula un pas, mit les mains devant son visage et poussant un soupir étouffé, voulut parler, ne le put; il tomba sur un fauteuil et d'un geste engagea son domestique à veiller au dehors afin que nul ne survînt, Loyer obéit et lorsqu'il fut parti, la dame survenue prenant enfin la parole.

— Tout semble m'annoncer, dit-elle, que je n'étais pas attendue... Cependant, mon cher époux (Raymond tressaillit), ne pouvait croire que ma tendresse s'accommoderait d'une éternelle séparation.

— Moi, votre époux, s'écria Raymond,

c'est une qualité que je ne saurais prendre et que, certainement, vous n'oseriez pas me donner.

— Pourquoi donc m'y refuserai-je ? dit Joséphine en riant, ne m'avez-vous pas conduite à l'autel? n'avons-nous point paru devant un magistrat civil, je sais bien que des esprits pointilleux, méticuleux ; ces gens qui veulent que tout chemine selon des règles invariables, diront que les actes bien que consommés manquent de régularité; mais moi qui me suis livrée volontairement, je me maintiens sous la religion d'une promesse sacrée et je vous tiens pour mon mari.

Cette longue ironie manqua son but, elle donna le loisir à Raymond de prendre du courage, de mieux envisager sa position réelle, et à son tour, répondant :

— Je sais que vous avez de l'esprit, que votre plaisir est de tourmenter les malheureux que vous faites, je suis du nombre et je dois prendre rang parmi les mystifiés... Quant à notre mariage vous savez bien ce qu'il en est.

— Je sais que, libre tous les deux, et pour tranquilliser notre conscience, nous passâmes un contrat par devant un notaire de Londres, que nous nous mariâmes selon le rit anglican. Sur les bords de la Tamise notre union serait indissoluble, ici des perfides la contesteraient, quant à moi, je la maintiens bonne, voulez-vous passer pour un homme sans probité ?

— Dites avec plus de raison que je passerai pour ce que je fus à cette époque; un insensé, on me jettera la pierre, on se moquera de moi; mais vous flattez-vous en France de me contraindre à ratifier un engagement nul de toute valeur, et qui, s'il était divulgué, me ferait néanmoins un tort infini.

— Ingrat ! dit la fripponne, en se drappant

dans son schall et en levant au ciel ses mains comme pour l'implorer, tandis qu'un rire moqueur courait sur ses lèvres : est-ce par tant de perfidie que tu récompenseras tant d'amour.

— Change de ton, Joséphine, ne joues pas un sentiment que tu n'as jamais connu.

— Pourquoi me donner mon nom de baptême, je suis pour vous madame, d'abord, et pour le public, aujourd'hui, la baronne de Saint-Montalban, j'aurais pris un nom plus sonore si j'eusse pu le rencontrer..... Allons, Raymond, décide-toi à te montrer généreux, je ne veux pas la mort du pêcheur, je veux uniquement profiter de la fortune et de l'avantage que ton étourderie imprudente m'a donné sur lui..... Tu t'es marié ce matin.

— Moi.

— Oui, toi.

— Quel conte.

— C'est une réalité que tu paieras cher si

tu crains le scandale, un huissier va recevoir ma plainte au criminel, je l'adresse à qui de droit. Maintenant prends conseil de ta sagesse, qu'elle décide s'il vaut mieux m'avoir pour amie ou pour ennemie.

— Tu es insatiable.

— Que veux-tu, j'ai des besoins, je trouve peu de maris, j'ai vingt-cinq ans, et les campagnes comptent double. A quinze ans j'étais enrôlé, j'ai toujours fait la guerre, mes blessures sont sans nombre, juge si les invalides ne me sont pas acquis de droit.

Raymond, malgré sa mauvaise humeur, ne put s'empêcher de rire. Le chapitre suivant composé d'une lettre que cet époux de mademoiselle de Marsail adressa peu d'heures après à un employé de la préfecture de police et dont je vais faire un chapitre, donnera au lecteur l'explication de ce qui peut lui paraître obscur dans la dernière partie de celui-ci.

Missive et Aubade.

Le présent nous punit souvent du passé : la vengeance d'en haut n'attendant pas toujours l'avenir.

Morale des Orientaux.

XVI.

— Mon Hubert, viens à mon aide ; si tu ne m'assistes, je suis perdu. Joséphine reparaît-elle, se montre-t-elle ? Viens de nouveau puiser dans ma bourse et me faire peur de mon instant de folie. Tu sais comment cette créature sortie de je ne sais où, belle comme un ange, spirituelle comme un démon, avant-garde de ton seigneur et maître, se trouva sur mon chemin ; je cherchais à la fois une occupation pour mon cœur et pour ma tête, je m'imaginais qu'il fallait les lier au même char : je rencontrai Joséphine.

Je pourrais dire comme OEdipe, j'étais *jeune et superbe*, elle brillait de mille charmes, une foule de rivaux l'environnaient, elle me distingua dans le nombre, m'enivra de ses préférences délicieuses : je m'imaginais avoir trouvé l'enchanteresse qui, par une double séduction satisferait à mon caprice. Elle vit mieux, j'étais bon à dévorer, et en conséquence la voilà tout à coup qui se détache du monde entier, qui repousse ses amans, qui se voue à une retraite absolue.

— Pourquoi ne voyez-vous plus le monde?
— Il m'ennuie.
— La solitude est pire.

— Non, lorsque l'âme s'y complaît.

— Mais vous ne me chassez pas?

— Cela ne vous laisse-t-il pas comprendre ma faiblesse ?

A la honte d'un tel aveu, persuadé que je serais le plus heureux des hommes, et en même temps pour distraire celle qui se recule du monde entier je l'engage à partir avec moi pour l'Angleterre. Il y a cinq ans, elle possédait alors sa beauté incomparable dans tout son éclat, elle atteignait à sa vingtième année, les grâces suivaient ses pas. A peine eûmes-nous passé le détroit, que je reconnus n'avoir pas gagné au change. Une nouvelle foule d'adorateurs, plus riches, plus opiniâtres, accourut se placer entre Joséphine et moi ; des pairs de la Grande-Bretagne, Crésus renouvelés d'Hérodote, des nabas de l'Inde, fiers de leurs immenses richesses, tout cela allumait en moi une jalousie qui tarda peu à monter au plus haut degré.

Je me voyais inférieur à ces gentilshommes si haut placés dans l'échelle sociale ; je me mis à craindre qu'ils m'enlevassent le cœur de ma maîtresse, et je me plaignis à elle de la facilité qu'elle avait à me quitter. Joséphine avec gaîté me dit :

— A votre place, je lierais ma belle avec de tels fers qu'elle ne pût plus se séparer de moi.

— Et quels seraient-ils, demandai-je ?

— Oh ! l'amour vous les indiquera, et à son défaut, adressez-vous à l'hymen.

Je compris ce que me disait ma charmante maîtresse, j'étais sous le charme et entièrement entraîné, je fis la faute énorme de solliciter le don entier d'une main qu'on brûlait de m'abandonner ; que te dirais-je, Joséphine abusant de ma faiblesse proposa un mariage de conscience, il rassurerait sa candeur, elle n'en demandait pas davantage ; c'était moins ma personne qu'il s'agissait de lier que la sienne, car il ne doutait de sa constance.

Je consentis donc, nous fîmes rédiger un contrat en bon terme, nous nous présentâmes devant un ministre de la religion anglicane qui ne fit aucune diffiulté de nous donner la bénédiction nuptiale, il nous a déclarés unis conjointement sans retour, et nous, peu empressés de prêter de l'importance à la cérémonie, il nous parut suffisant qu'en apparence elle nous liât irrévocablement.

Moi-même qui aurais dû frémir de cette extravagance sans pareille, je n'y donnai aucune attention, trop satisfait que j'étais de m'assurer la possession exclusive d'une femme qui me paraissait un miracle de beauté. Nous ne nous occupâmes plus que de nos plaisirs ; l'amour nous égara, et un temps considérable s'écoula pendant cette ivresse coupable.

Enfin, un beau jour, Joséphine tout à la fois.

se lassa de Londres et de mon attachement, une fantaisie soudaine lui prit de s'en retourner en France, elle s'y livra soudainement, elle partit en secret pour Paris s'en s'embarrasser de notre amour et des nœuds qui nous liaient : je fus d'abord blessé, j'étais encore sous le charme. Je lui écrivis comme si je la reconnaissais pour ma femme légitime; elle répondit par du persiflage, et en se moquant de moi.

Quand les sens seuls inspirent l'amour il tarde peu à finir lorsqu'aucune réciprocité ne l'alimente, ce fut en moi ce qui advint, je sentis le dépit succéder à la tendresse ; je vis Joséphine ainsi que j'aurais dû toujours la voir et en conséquence libre de sa chaîne, je cessai de m'occuper de ce qui agitait sa vie aventureuse.

Il me revint que cette femme spirituelle et débauchée se livrait à toutes sortes de déportemens, que même par deux fois et postérieurement à notre hymen prétendu, elle avait deux autres fois pris des maris tantôt en face de l'autel et tantôt en vertu du cérémonial civil, je me tenais donc tranquille et me préparais à convoler en mariage légitime avec mademoiselle Nantil de Marsail... Une femme du monde que je rencontre souvent chez une émérite de Cythère, me dit en plaisantant que j'avais tort de me lier en face de Dieu et des hommes, lorsque des chaînes antérieures m'attachaient à une personne bien à plaindre, et qui certes souffrait péniblement de mon infidélité.

Un éclat de rire fut ma réponse ; cependant j'agissais quelque peu en poltron révolté, car je connaissais la rouerie de mon ex-maîtresse, prétendue femme légitime, il en résulta que le jour de la cérémonie nuptiale je ne fus pas sans inquiétude, craignant que la mauvaise tête de cette créature ne l'excitât à tenter une scène scandaleuse dont l'éclat m'aurait anéanti; grâce à Dieu, Joséphine n'a pas manqué à ce point aux bienséances, elle s'est retenue et j'en aurais eu de la reconnaissance.

Mais elle n'a pas voulu me complaire en tout, et si elle a prudemment calculé les périls qui, vu les circonstances, tomberaient sur sa tête, elle a tourné la difficulté, et m'octroyant ses pleurs au nom de la paternité, elle vient tantôt de me faire frémir en s'introduisant chez moi, hôtel du père de ma femme, et en y venant, m'a-t-elle dit, réclamer les droits imprescriptibles d'épouse et de mère délaissée; elle affirme qu'elle tempêtera, que très certaine de perdre son procès, elle ne me redemandera pas moins à la justice française comme son époux, comme celui qui, de concours avec elle a mis au monde une charmante enfant, sa fille, qui est incontestablement, à tel point elle lui ressemble, et la mienne, ce qui ne peut avoir lieu, car je ne me trouvais pas à Paris à l'époque voulue par la loi de la paternité.

— Notre scène a été longue et véhémente, elle a eu lieu le jour même du mariage : songe à la frayeur que j'éprouvais en pensant au scandale qui pourrait en résulter; enfin, moitié violence, moitié douceur, et grâce à l'abandon d'une somme de mille francs, Joséphine qui s'appelle aujourd'hui la baronne de Saint-Montalban, a consenti à effectuer sa retraite. Je l'ai vue s'éloigner avec une satisfaction dont je ne te peindrai jamais bien l'étendue.

— Mais ce n'est qu'un répit certainement, elle reviendra lorsque les mille francs auront disparu; et avec elle il faut si peu de temps pour mettre fin à une telle somme. Il serait bon de mettre des obstacles à cette manière de me dépouiller, je serai sous sa dépendance tant qu'elle conservera les actes légaux qui nous lient en Angleterre, tant bien que mal, et surtout la sotte lettre écrite en confirmation de mon étourderie.

« Tu es mon ami, cher Hubert, tu remplis des fonctions qui doivent te rendre respectable et redoutable même aux créatures du bord de cette baronne improvisée, rends-moi le service immense de l'intimider, obtiens la remise de ces pièces fatales; lorsque je les aurai, mon inquiétude touchera à son terme et il n'y aura pas non plus de bornes à ma reconnaissance.

« Ne crains pas de parler ferme, agis en paix, les femmes sont craintives, celle-là audacieuse devant sa dupe, tremblera devant un homme aussi haut placé que toi, tu parlerais de ses mille amans, de ses cinq mariages, de leur illégalité et du châtiment que la loi réserve à celles qui ne balancent pas à se parjurer; tu la verras changer de manière, plier, trembler, gémir même; il dépend de toi de me sauver; peut-être pendant ce temps je pousserai ma fortune et j'irai loin avec l'aide de ma nouvelle famille à laquelle il me sera doux de te présenter.

« Adieu, au revoir, ne m'oublie pas, ne m'abandonne pas, surtout avec toi, je me relèverai de cette position si pénible en apparence, et qui en réalité n'est rien. Je t'embrasse, et suis à toi pour la vie. Raymond Daclos. »

Cette missive, ployée, cachetée et envoyée; Raymond, quelque peu rassuré, espérait beaucoup de ce que néanmoins il n'avait pas jugé digne d'être admis à la noce, redescendit au milieu de la foule invitée à un repas plus que somptueux.

Le luxe culinaire déployé en cette circonstance, surprit même les plus heureux du siècle. Leur jalousie ne put rester muette, elle se manifesta par des regards avides, des des complimens emphatiques ou malicieux. Les maîtres de la maison les recevaient avec une modestie affectée déguisant le mécompte cruel qui pesait sur leur cœur.

Plusieurs années auparavant, la meilleure des républiques, à la suite d'une de ces expansions alors si odieuses, avait promis solennellement qu'elle ornerait de sa présence la noce de la petite fille, et même que l'espoir ouvrirait le bal avec la nouvelle mariée; mais des évènemens avaient amené des changemens dans l'étiquette, la mémoire surtout était devenue ingrate, on ne se ressouvenait ni des services rendus ni des engagemens pris, et lorsque M. Marsail flanqué du général et du pair, avait été demander l'honneur de la signature accordée à regret après hésitation, il n'avait pu retirer du passé une promesse qui y dormait ensevelie avec la c...... v..... et tant d'autres bonnes choses dont on nous affrianda et que nous n'eûmes point.

C'était dans cette espérance déçue que le festin des noces paraissait royal, on avait conservé jusqu'à la dernière heure un espoir que des remords amèneraient *la meilleure des républiques*, là où la bassesse actuelle l'aurait accueillie en monarque absolu; cette illusion dut être perdue avec tant d'autres, je ne sais ce que le pouvoir y gagna en splendeur, tout le cercle comprit ce qu'il y perdait positivement en influence.

Cependant arrivait l'heure du coucher de la mariée; plusieurs jeunes gens avaient disposé une de ces scènes de mauvais ton et que trop souvent on autorise en bonne compagnie, il s'agissait de faire avaler à l'époux une tasse de sabaïonne (1), de présenter à la vierge timide

---

(1) Composition italienne. C'est un mélange de café, de

un bel exemplaire de la strophe fameuse de Desmahïs, écrite sur vélin en lettres d'or, de pourpre et d'azur, par M. Lottin (Victor), qui, dans cette occasion, s'était surpassé lui-même.

> La jeune épouse de la veille
> A la fois pâle et vermeille,
> Avait encore l'air étonné ;
> Et tout ensemble heureuse et sage
> Laissait lire sur son visage
> Le plaisir qu'elle avait donné.

On se rendait donc dans le salon qui précédait la chambre nuptiale, j'en ai décrit les splendeurs au début du chapitre second de cet ouvrage, là arrivait en outre et à la suite de l'élite de la société, un groupe de musiciens

---

jaunes d'œufs, de vanille, de canelle et de poudre de biscuit avec du vin d'Alicante ou du vieux Malaga, du Lacryma-Christi et du Tockay lorsqu'on en possède; c'est un restaurant du suprême degré et en certaines occasions il rend soudainement l'énergie épuisée. Nos hommes de tribune devraient en faire usage, il leur tiendrait lieu de cœur. On prenait autrefois d'excellent sabaïonne dans le café du coin de la rue de l'Échelle et de la rue de Rivoli ; aujourd'hui on y en demanderait vainement; là, le bon a disparu non moins que dans le voisinage. L'AUTEUR.

dirigé par M. Chevalier, chef d'orchestre distingué et célèbre professeur de cornet à piston ; lorsque tout à coup et du fond du sanctuaire auguste qu'on se disposait rien moins qu'à profaner; on entendit une discussion élevée, un colloque s'établir, confus sans doute, et dans lequel on ne pouvait saisir aucun mot, mais qui annonçait, non la lutte de la pudeur aux prises avec l'amour délicat, mais la mauvaise humeur peu ordinaire au jour d'ouverture de la lune de miel.

Grande fut la surprise de la joyeuse compagnie; s'il y avait eu là des gens graves on aurait commandé une retraite polie, mais les gros colliers de l'ordre, les dames imposantes par leur fortune étaient demeurées attablées autour des tapis verts, et parmi les écouteurs il ne se trouvait que des étourdis, rieurs hardis, mal élevés ; j'en demande pardon aux jeunes hommes, il en résulta que loin de désemparer on se rapprocha de la porte fermée afin de mieux ouïr, et plus d'une tête éventée était appuyée contre, au moment où elle fut rudement ouverte.

Ce fut un coup de théâtre parfait, il y eut de la part de la foule : stupéfaction complète, et dépit et vraie colère du côté de Raymond, d'abord celui-ci jetant autour de lui un regard rapide et reconnaissant, là plus de parens et d'amis du côté des Marsail que du sien, il en prit plus de mauvaise humeur, et élevant la voix!

— En vérité, messieurs, je rends des actions de grâces à votre retenue, et elle a été bien récompensée par ce que vous avez entendu.

— M. Daclos, veuillez rentrer, dit vivement Nantilde, qui, à son tour, apparut vêtue avec la coquetterie et le luxe des femmes dans sa position.

Sa vue, son propos, tout augmenta la curiosité et l'étonnement de l'assemblée. Néanmoins un sentiment de honte circula parmi les moins retenus : ils regrettèrent et d'être rencontrés là, et d'avoir à s'excuser de leur indélicatesse. Les plus rapprochés de la porte s'évadèrent, ceux du centre, suivant l'impulsion donnée, firent comme eux, si bien, qu'en moins d'une minute, le salon resta vuide, moins le couple, qui, en apparaissant, avait donné une physionomie nouvelle à cette scène.

Sur la physionomie de Raymond se peignaient le désappointement, l'indignation et un accablement qui montraient combien peu cette âme avait d'énergie. Nantilde, le visage enflammé par le dépit, semblait une reine; elle prit son mari par la main et usant de violence, le fit entrer dans la chambre nuptiale en ferma la porte avec soin : et cela fait.

— Êtes-vous fou, dit-elle, vouliez-vous un esclandre? espériez-vous à vous faire couvrir de ridicule ? qu'alliez-vous dire ?..... mon aveu.... on aurait ri, qui l'aurait cru, êtes-vous un homme; soyez sage. Nous sommes riches, vivons en amis; d'ailleurs, quelle est cette femme qui est venue tantôt : je veux la voir, elle m'apprendra peut-être de quoi me fournir matière à crier plus haut que vous. Mais, il fait froid, rentrons au lit, la place n'est pas tenable.

Elle dit, se recouche, et attend la détermination de son mari. Celui-ci, à qui elle vient de faire une confidence folle, celui-ci, blessé dans son amour-propre, a cédé à un premier mouvement de fureur, il s'est écrié, a fui, a voulu sortir, on sait le reste.

Cependant, l'influence de la saison agit sur lui, il grelotte, il va prendre une fluxion de poitrine qui peut l'emporter, il craint la mort, d'ailleurs, il a besoin de la vie, ne serait-ce que pour se venger. Cette dernière pensée le ramène vers le lit qu'il a cru tout-à-l'heure avoir quitté pour toujours. Il s'y pelotonne, s'éloigne de sa charmante compagne.

— Eh bien! monsieur, êtes-vous encore fâché? auriez-vous refusé une veuve?

— Non madame, parce que mon prédécesseur serait mort.

— Qui vous a dit que l'objet de votre haine n'est pas descendu dans la tombe?

— Son nom, faites-le moi connaître.

— Jamais, à quoi bon?

— Ah! vous voulez poursuivre avec lui votre intrigue abominable, il n'en sera rien, je vais m'attacher à vos pas, je serai votre ombre.

— Cela vous amusera-t-il long-temps, vos affaires s'en accommoderont-elles? A quoi bon la jalousie?

— Et moi qui ai dit au marquis de Molène que vous m'adoriez.

— Je vous en remercie, il aura pris une

bonne opinion de moi, est-ce qu'une demoiselle doit adorer qui que soit, on est la retenue, la modestie..... d'ailleurs, puisque l'inconvenance est faite, je la supporterai. Laissez-lui croire que je vous adore, le peindre me sera possible; qui sait même à quoi mènerait des bons procédés, un oubli sage et de la résignation.

Et en parlant ainsi, la maligne créature donnait à sa voix une expression entraînante, et paraissait jolie tant elle savait l'art de s'embellir. Raymond, un instant, fut tenté de suivre son conseil, mais s'indignant de sa faiblesse :

— Vous êtes un monstre ! lui dit-il avec fureur.

— Et vous un impertinent, reprit-elle, dois-je souffrir un terme aussi grossier.

— Et moi, supporterai-je votre conduite ?

— Pourquoi pas, car, enfin, suis-je votre femme?

— Vous l'êtes, et pour mon malheur.

— Oh! le galant personnage, à qui la bigamie ne suffit pas.... ah! monsieur, vous gardez le silence.... je sais tout.

— Et vous m'avez épousé.

— Il le fallait bien, j'avais besoin d'un mari, dans vingt-quatre heures, je me serais fait conscience de me donner à un honnête homme, je suis venue à vous sans scrupule, comment avez-vous gagné votre fortune? par quelle mesure? par quelles odieuses spéculations? Vous avez laissé dans la misère votre proche parent, votre ancien ami, c'était pour l'avilir que vous feigniez de vouloir lui rendre service. Vous êtes en rapport avec l'écume de Paris, il est tel voleur avéré qui dine chez vous parce que sa turpitude vous bénificie. Enfin, vous avez épousé publiquement en Angleterre, une femme perdue, vous avez fait un faux mariage, je le sais, mais tout cela vous range-t-il parmi ceux qu'on estime; non, certes; dès lors, subissez votre destinée, exploitez ma fortune, mon alliance, ce sera une spéculation en plus. Vous apprendrez sous peu combien une jolie femme est profitante à une maison dirigée par un homme tel que vous.

Chaque parole, à mesure qu'elle sortait de la bouche de Nantilde s'enfonçait profondément dans le cœur de Raymond, honteux de ne pouvoir plus dissimuler sa vie passée; avili, humilié, il se demandait par où sa femme avait si bien su ce qu'il était, et comment la folle Joséphine avait-elle divulgué ce qu'elle promettait tant de tenir caché. Il ignorait que cette méchante femme avait plusieurs jours à l'avance écrit à Mlle Marsail, celle-ci, charmée d'une telle arme qu'on lui fournissait si à propos, n'en avait dit mot à aucun de sa famille, se réservant de s'en servir selon l'exigence du cas.

Joséphine, de son côté, se serait bien gardée, dans la dernière entrevue avec Daclos, de lui avouer sa démarche imprudente. ce n'était pas, surtout, le moment.

Raymond, consterné, confondu, rougissant, blémissant tout ensemble, blasphémant le ciel, la terre, sa femme et lui, demeure long-temps enseveli dans une rêverie méditative, dont Nantilde sera un augure favorable ; pensant que qui réfléchit s'écarte de la colère, et se rapproche de la résignation. Elle ne se trompait point. Raymond, homme du jour, et chimiste moral habile, s'était avisé un jour, de jeter dans le creuset de son entendement, toutes les qualités tous les vices de l'époque, il en avait recueilli une seule substance, son intérêt, ce métal nouveau a la couleur et le poids de l'or; c'est ce qu'en terme vulgaire on appelle de l'argent.

De ce travail intellectuel, il avait compris que l'argent répondait à tout, aussi, dans cette occurence décisive où un homme méticuleux, ayant conscience et même amour-propre aurait éclaté, lui, plus philosophe, prenant son parti en brave, se tourna presque vers sa charmante compagne :

— Je ne sais, dit-il, si ce qui se passe entre nous est bien régulier, est bien convenable, mais, puisque le vin est tiré il faut le boire. Je vuiderai donc la coupe, je me tairai, madame; seulement, j'espère que ma fortune ne servira pas à un être qui ne sera pas mon fils.

— Eh! monsieur, ne sauriez-vous vous réformer ces expressions indécentes, où donc avez-vous été élevé? parle-t-on ainsi à une fille de condition.

Au demeurant, vous devenez raisonnable,

c'est l'essentiel, nous vivrons comme deux amis; vous avez une femme légitime, je ne me plaindrai pas, si vous recherchez sa société.

— Halte-là! madame, n'attendez pas la réciprocité de mon côté, je ne consentirais pas.

— Pauvre homme! est-ce qu'on demande jamais au mari ces sortes d'autorisation? soyez tranquille, d'ailleurs, je ne le verrai jamais! l'infâme, il est plus que mort, je vous assure, il m'est en horreur.

— Dieu veuille que cela dure, mais on se raccommode, et alors.....

— Pas de suppositions impertinentes, et que ma vertu soit votre garant.

Ceci fut dit d'un tel ton de solennité, que Raymond, stupéfait, se demanda s'il avait bien entendu, puis, voyant que sa femme ne riait point:

— Que dira-t-on maintenant de mon algarade. Il est certain que j'aurais mieux fait de me taire.

— Hélas! monsieur, est-ce que l'hymen manque de mystères odieux et dégoûtans, on dira que, révoltée par votre avidité impudique, je me suis écriée, défendue; hélas! qui doutera de ma modestie? qui osera soupçonnera ma vertu?

Cela dit, le sommeil gagna le tendre couple, et au réveil, tout ce qui s'était passé durant la nuit, parut un vain songe.

FIN DU PREMIER VOLUME.

POUR PARAITRE INCESSAMMENT.

MAGDELEINE LA REPENTIE,
Par E. Guérin. — 2 vol. in-8, 15 fr.

PITIÉ POUR ELLE,
Par Couailhac, auteur de *Avant l'orgie*. — 2 vol. in-8, 15 fr.

JULIENNE PETIT,
ou
LE VOLEUR ET LA GRISETTE,
Par Marie Aycard. — 2 vol. in-8, 15 fr.

LA BELLE PICARDE,
Par Carle Le Dhuy, auteur de *Comment meurent les femmes*.
2 vol. in-8, 15 fr.

LES VILAINS ET LES CONTREBANDIERS,
Par Bonvalot. — 2 vol. in-8, 15 fr.

L'AMOUR ET LA FAIM,
Par Maximilien Perrin. — 2 vol. in-8, 15 fr.

PAUVRE JEANNETTE,

Par Vallée, auteur de *La Figurante*, du *Pompier*, etc.
2 vol. in-8, 15 fr.

—

LA GRILLE ET LA PETITE PORTE,

Par Hippolyte Bonnelier. — 2 vol. in-8, 15 fr.

—

La Jolie Fille des Halles,

Par Alfred de Beaulieu. — 2 vol. in-8, 15 fr.

—

BONAPARTE
ET
LE DOGE,

Par Mme la comtesse O*** D***, auteur des *Mémoires sur Louis XVIII*. — 2 vol. in-8, 15 fr.

—

LA PRIÈRE DU SOIR,

Par Carle Le Dhuy. 2 vol. in-8, 15 fr.

—

LAGNY. — Imp. d'A. Le Boyer et Comp.

— 1837. —

OLLIVIER,

Libraire-Éditeur,

Et Commissionnaire, à Paris,

RUE SAINT ANDRÉ-DES-ARCS, 33.

MAISON DE COMMISSION.

On trouve dans la même Maison tous les Ouvrages nouveaux (principalement les Romans), aussitôt la mise en vente, et à des prix modérés.

LIVRES DE FONDS.

PHYSIOLOGIE DU MARIAGE,

PAR DE BALZAC.

Deuxième édition, 2 vol. in-8°. — 15 fr.

On trouve à la même adresse les *OEuvres complètes* du même auteur, in-octavo avec vignettes.

DUCHESSE D'ABRANTÈS,

MÉMOIRES SUR NAPOLÉON, ETC.,

18 volumes in-8°. — 135 francs.

Les souscripteurs trouveront dans cette maison tous les volumes qu'ils n'ont pas retirés. — (*Édition Ladvocat.*)

Ollivier, libraire-éditeur, à Paris,

ANATOLE,
PAR MADAME SOPHIE GAY.

2 vol. in-12, *fig.* — 6 fr.

TRYVÉLYAN, — ROMAN,
PAR CH. BURY,

Auteur du Mariage dans le grand Monde; Elisa Rivers, Godolphin, etc.

2 vol. in-8°. — 15 fr.

HÉLÈNE, — ROMAN,

(Édition à 3 fr. 75 c.)

PAR M. EDGEWORTH.

3 vol. in-8°.

(On est prié de désigner cette édition par *édition Belloc,* afin qu'on ne la confonde pas avec une autre *plus chère et moins complète.*)

UN SECRET,
PAR M. MICHEL RAYMOND.

2 vol. in-8°. — 15 fr.

Deuxième édition. 4 vol. in-12. — 10 fr.

LA PLAQUE DE CHEMINÉE,
PAR H. BONNELLIER.

1 vol. in-8°, vignette. — 7 fr. 50 c.

SIMON LE BORGNE,

(Troisième édition.)

PAR MICHEL RAYMOND.

2 vol. in-8°. — 15 fr.

L'ANNEAU DE PAILLE,

PAR HIP. BONNELLIER.

Deuxième édition, 2 vol. in-8°. — 15 fr.

LE CHEVEU DU DIABLE,

PAR H. BERTHOUD.

2 vol. in-8°, vign. — 15 fr.

CALOMNIE,

(Troisième édition.)

PAR HIPPOLYTE BONNELLIER.

2 vol. in-8°. — 15 fr.

SOUS LES TILLEULS,

(Quatrième édition.)

PAR ALPHONSE KARR.

2 vol. in-8°. — 15 fr.

LE CHEMIN LE PLUS COURT,

(Deuxième édition.)

PAR ALPHONSE KARR.

2 vol. in-8°. — 15 fr.

UNE HEURE TROP TARD,

(Troisième édition.)

PAR ALPHONSE KARR.

2 vol. in-8°. — 15 fr.

Ollivier, libraire-éditeur, à Paris,

LACENAIRE,
MÉMOIRES, RÉVÉLATIONS ET POÉSIES,

2 vol. in-8°, avec portrait et fac simile. — 15 fr.

CE QUE REGRETTENT
les femmes,
PAR FÉLIX DAVIN.

4 vol. in-12. — 12 fr.

HENRI FAREL,
ROMAN ALSACIEN,
PAR LOUIS LAVATER.

2 vol. in-8°. — 15 fr.

PHYSIOLOGIE DU RIDICULE,
(Édition à 3 fr. 75 c.)
PAR MADAME SOPHIE GAY.

2 vol. in-8°.

LES CONCINI,
PAR M. BRISSET.

2 volumes in-8°. — 15 fr.

GRENADIER DE L'ILE D'ELBE,
PAR BARGINET.

2 volumes in-8°. — 15 fr.

MADAME PUTIPHAR,
PAR PÉTRUS BOREL.

2 vol. in-8°. — 15 fr.

DUBARRI,

MÉMOIRES SECRETS SUR LE XVIIIe SIÈCLE,

6 vol. in-8°, portrait. — 45 fr.

—

GAULE ET FRANCE,

(Édition à 3 fr. 75 c.)

PAR ALEXANDRE DUMAS,

1 vol. in-8°.

—

L'ART D'ACCORDER SOI-MÊME
son piano,

D'après une méthode sûre, simple et facile, déduite des principes exacts de l'acoustique et de l'harmonie; contenant, en outre, les moyens de conserver cet instrument, l'exposé de ses qualités, la manière de réparer les accidents qui surviennent à son mécanisme, un Traité d'acoustique, et l'histoire du piano et des instruments à clavier qui l'ont précédé, depuis le moyen-âge jusqu'en 1834; dédié à M. PLEYEL,

PAR C. MONTAL.

—

LORD BYRON,

SES MÉMOIRES PUBLIÉS PAR THOMAS MOORE,

5 vol. in-8°. — 37 fr. 50 c.

—

PENSÉES DU CIEL

ET DE LA SOLITUDE,

PAR M. JUSTIN MAURICE.

1 vol. in-8°. — 7 fr. 50 c.

—

ALBERT-LOVE, — POÈME,

PAR M. RENÉ CLÉMENT.

1 vol. in-8°. — 7 fr.

—

ROMANS, MÉMOIRES, ETC.

Principaux Auteurs.

Abrantès (Mme d').

Mémoires sur l'Empire, 18 vol. in-8. 135
L'Amirante de Castille, 2 vol. in-8. 15
Deux Cœurs de Femme, 1 vol. in-8. 7 50
Catherine II, 1 vol. in-8. 7 50
Histoires contemporaines, 2 vol. in-8. 15
Scènes de la vie espagnole, 2 vol. in-8. 15
Les Salons de Paris, 4 vol. in-8. 30
Mémoires sur la Restauration. 6 v. in-8. 45
Une Soirée chez Mad. Geoffrin, 1 v. in-8. 7 50

Allart (Mme).

Settimia, 2 vol. in-8. 15
Sextus, ou le Romain, 1 vol. in-8. 3 75
L'Indienne, 1 vol. in-8. 7 50
Jérome, 1 vol. in-8. 7 50

Anne Radcliffe.

Ses Romans.

(Voir le Catalogue général pour le détail.)

Anne (Théod.).

Mémoires sur Charles X, 2 vol in-8. 15
La Baronne et le Prince, 4 vol. in-12. 12
Edith Macdonald, 4 vol. in-12. 12

Armande Rolland.

Ses Romans.

(Voir le Catalogue général pour le détail.)

Arnaud (H.).

Elys de Sault, 2e *édition*, 2 vol. in-8. 15
Pierre, 2 vol. in-8. 15
Aventures d'un Renégat, 2 vol. in-8. 15
Le Château de Saint-Germain. 2 vol. 15

Aycard (Marie).

Le Sir de Moret, 4 vol. in-12. 12
Marie de Mancini, 4 vol. in-12. 12
Le Comte de Horn, 4 vol. in-12. 12
Une Femme de Chambre, 2 vol. in-8. 15
Julienne Petit, 2 vol. in-8. 15

Balzac.

(*Édition in octavo, avec vignettes.*)

Physiologie du Mariage, 2 vol. in-8. 15
Les Chouans, 2 vol. in-8. 15
Le Père Goriot, 3e *édition*, 2 v. in-8. 15
Le Lys dans la Vallée, 2 vol. in-8. 15
Le Livre Mystique, 2 vol. in-8. 15
Contes Drolatiques, 2 vol. in-8. 10

Le Médecin de Campagne. 2 vol. in-8. 15
La Peau de Chagrin, 2 vol. in-8. 15
Contes et Nouveaux Contes, 3 v. in-8. 23

Études de mœurs au 19e siècle, contenant :

Scènes de la vie de province, 4 v. in-8. 30
Scènes de la vie privée, 4 vol. in-8. 30
Scènes de la vie parisienne, 4 v. in-8. 30

Dans ces volumes se trouvent Eugénie Grandet, la Fille aux Yeux d'or, etc.

Balzac.

(HORACE DE SAINT-AUBIN.)

Jane-la-Pâle, 2 vol. in-8. 15
La Dernière Fée, 2 vol. in-8. 15
Le Vicaire des Ardennes, 2 vol. in-8. 15
L'Excommunié, 2 vol. in-8. 15
Argow le Pirate. 2 vol. in-8. 15

Banim.

Le Candidat, roman, 2 vol. in-8. 15
Le Chasseur de Spectres. 2 vol. in-8. 15

(Pour les autres Romans, voir le Catalogue général.)

Barginet.

Le Grenadier de l'Ile d'Elbe, 2 v. in-8. 15
La 32e Demi-Brigade, 1 vol. in-8. 7 50
Chroniques impériales, 2 vol. in-8. 15
Les Hebérard, 2 vol. in-8. 15

Barbier.

Iambes. 1 beau vol. in-8. 7 50
Il Pianto. 1 vol. in-8. 6

Barthélemy-Hadot.

Ses Romans.

(Voir le Catalogue général pour le détail.)

Bazin.

L'Époque sans nom, 2 vol. in-8. 15
La Cour de Marie de Medicis, 1 v. in-8. 7 50

Berthoud.

Le Cheveu du Diable, 2 v. in-8, vign. 15
Mater Dolorosa, 2 vol. in-8, vign. 15
La Sœur-de-Lait du Vicaire, 1 v. in-8. 7 50
Le Régent de Rhétorique, 1 v. in-8. 7 50
L'Ange et le Démon, ou Asrael, 1 vol. 7 50
Chroniques de Flandres, 2 vol. in-8. 15

Bergounioux.

Le Conseil de Guerre, 2 vol. in-8. 15
Aloïse, ou le Testament, 2 vol. in-8. 7 50

Assortiment en nombre de tous les Ouvrages nouveaux.

Jules, 1 vol. in-8. 7 50
Madame de Varennes, 1 vol. in-8. 7 50
Charette, 1 vol. in-8. 7 50
Deux Maîtresses, 1 vol. in-8. 7 50

Bignan.

L'Échafaud, 2e *édition*, 1 vol. in-8. 7 50
Une Fantaisie de Louis XIV, 2 v. in-8. 15
Louis XV et le Cardinal Fleury, 1 v. in-8. 7 50
Le dernier des Carlovingiens. 1 v. in-8. 7 50
Mélodies poétiques, 2 vol. in-18. 7

Bilderbeck.

Ses Romans.

(Voir le Catalogue général pour le détail.)

Bodin (Mme).

(JENNY BASTIDE.)

L'Abbé Maurice, 2 vol. in-8. 15
Une Passion en province, 2 vol. in-8. 15
Une sur Mille, 4 vol. in-12. 12
Savinie, 2 vol. in-8. 15
Pascaline, 4 vol. in-12. 12
La Famille d'un Député, 5 v. in-12. 15
Un Remords, 1 vol in-8. 7 50
Contes Vrais. 2 vol. in-8. 15
Scènes de la vie anglaise, 2 vol. in-8. 15
Un Drame aux Tuileries. 2 vol. in-8. 15
La Belle-Mère, 3 vol. in-12. 9
El Albanico (l'Eventail), 1 vol. in-8. 7 50
Le dernier Amour. 1 vol. in-12. 3

Bonnellier.

Calomnie, 3e *édition*, 2 vol, in-8. 15
Nostradamus, roman, 2 vol. in-8. 15
L'Anneau de Paille, 2e *édit.*, 2 v. in-8. 15
Une Méchante Femme, (épuisé).
Le Moine Blanc, roman, 2 vol. in-8. 15
L'Homme Sans-Cœur, 2 vol. in-8. 15
Le Maréchal de Raiz, 2 vol. in-8. 15
La Plaque de Cheminée, 1 vol. in-8. 7 50
Juive et Mauresque, 1 vol. in-8. 7 50
La Grille et la petite Porte. 2 vol. in-8. 15

In-douze.

La Fille du Libraire, 2 vol. 3
Guy-Eder, ou la Bretagne, 3 vol. 9

Bournon-Malarme.

Ses Romans.

(Voir le Catalogue général pour le détail.)

Brisset.

Les Concini, 2 vol. in-8, *nouv. édit.* 15
Le Mauvais OEil, 1 vol. in-8. 6
Les Templiers, 2 vol. in-8. 15

Brot (Alp.).

Jane Grey, 4 vol. in-12. 12
La Tour de Londres, 2 vol. in-8. 15
Ainsi-soit-il, 1 vol. in-8. 7 50
Priez pour Elles, 1 vol. in-8. 7 50
Carl Sand, 2 vol. in-8. 15
La Chute des Feuilles, 2 vol. in-8. 15

Brucker.

(MICHEL RAYMOND)

Les Intimes, 3 vol. in-8. 22 50
Un Secret, 4 vol. in-12, 2e *édition*. 10
Simon-le-Borgne, 2 vol. in-8. 15
Les Sept péchés capitaux, 2 vol. in-8. 15
Le Puritain de Seine-et-Marne, 1 v. in-8. 7 50
Les Soirées à Corbeil, 2 vol. in-8. 15
Mensonges, 2 vol. in-8. 15

Bulwer.

La France et les Français, 4 vol. in-8. 30
L'Angleterre et les Anglais, 2 v. in-8. 15
Les Pèlerins au bord du Rhin, 2 v. in-8. 10
Le Dernier jour de Pompeï, 2 v, in-8. 15
L'Etudiant, 2 vol. in-8. 15
Rienzi, 2 vol. in-8. 15

In-douze.

Eugène Aram, 4 vol. 12
Dévereux, 4 vol. 12
L'Enfant désavoué, 4 vol. 12
Les Pèlerins du Rhin, 2 vol. 8
Paul Cliffort, 4 vol. 12
Falkland, 2 vol. 6

Burat de Gurgy.

La Prima-Donna, 1 vol. in-8. 7 50
Le Lit-de-Camp, 2 vol. in-8, vign. 15
Deux Modistes, 1 vol. in-8. 7 50
Paillasse, 1 vol. in-8. 7 50

Bury (Ch.).

Trevelyan, 2 vol. in-8. 15
Godolphin, ou le Serment, 2 v. in-8. 15
Eliza, 2 vol. in-8. 15
Coquetterie, 2 vol. in-8. 15
Madame Howard, 2 vol. in-8. 15
Mariage dans le gr. monde. 2 v. in-8. 15
Scènes de la vie intime, 2 vol. in-8. 15
Une Faute. 2 vol. in-8. 15

Carlowitz.

Jean-le-Parricide, 2 vol. in-8. 15
Le Pair de France, 3 vol. in-8. 22 50
L'Absolution, 2 vol. in-8. 15
Caroline, ou le Confesseur, 2 v. in-12. 5
Le marquis de Pombal. 2 vol. in-8. 15

Cooper.

Romans, 52 vol. in-12.

(Voir le Catalogue général pour le détail.)

Couailhac.

Avant l'Orgie, 2 vol. in-8. 15
Pitié pour Elle! 2 vol. in 8. 15
La Femme aimable. 2 vol. in-8. 15

Chapus.

Le Caprice, 2 vol. in-12. 6
La Carte Jaune, 2 vol. in-8. 15
Titime? — Bois-Sèche, 1 vol. in-8. 7 50

Assortiment en nombre

Chasles (Ph.).

Titan, 4 vol. in-8.	15
Bellegarde, ou l'Enfant, 2 vol. in-8.	15
Caractères et Paysages, 1 vol. in-8.	7 50
Les Dames galantes (par Brantôme), 2 vol. in-8.	7 50

Chaumier.

La Tavernière de la Cité, 1 vol. in-8.	7 50
L'Hôtel de l'Étau-Diable, 2 vol. in-8.	15
L'Évêque d'Autun, 2 vol. in-8.	15

Choiseuil-Meuse.

Ses Romans.

(Voir le Catalogue général pour le détail.)

Claudon.

Thérèse, ou la Prédiction, 1 vol. in-8.	7 50
Le Baron d'Holbach, roman, 2 v. in-8.	15

Contemporaine (la).

Mémoires sur Napoléon, 8 vol.	10
La Contemporaine en Égypte, 6 vol.	20
Les Mille et Une Causeries, 2 vol.	15
Mes Dernières Indiscrétions, 2 vol.	15

Corbière (Ed.)

Le Banian, 4 vol. in-12.	12
Deux Lions pour une Femme, 4 vol.	12
Le Prisonnier de Guerre, 1 vol. in-8.	7 50
Le Négrier, 4 vol. in-12.	12
Les Aspirans de Marine, 2 vol. in-8.	10
Les Pilotes de l'Iroise, 1 vol. in-8.	7 50
Mer et Marins, 1 vol. in-8.	7 50
Contes de bord, 1 vol. in-8.	7 50

Cottin (Mme).

(Édition in-douze.)

Mathilde, 4 vol.	6
Malvina, 3 vol.	4 50
Amélie Mansfield, 3 vol.	4 50
Clair d'Albe, 1 vol.	1 50
Élisabeth, ou les Exilés, 1 vol.	1 50

Craon (Mme de).

Thomas Morus, 2e édition, 2 vol. in-8.	15
Henri Percy, 2 vol. in-8.	15
Un Grand Drame, 1 vol. in-8.	7 50

Créquy.

Ses Souvenirs, 1710 à 1800, 7 vol. in-8.	52 50

D'Arlincourt.

Le Solitaire, nouv. édit., 1 vol. in-8.	7 50
Double Règne, nouv. édit., 2 v. in-8.	15
Le Brasseur-Roi, nouv. éd., 4 vol.	12
Les Rebelles sous Charles V, 6 v. in-12.	18
La Caroléide, 1 beau vol. in-8.	7
Ismalie, ou l'Amour et la Mort, 2 v. in-12	6
L'Étrangère, nouv. édit., 2 vol. in-12.	6
Ipsiboë, nouvelle édition, 2 vol. in-12.	6
Les Écorcheurs, nouv. édit., 3 v. in-12.	10
Le Renégat, 1 vol. in-8.	7 50

David.

La Duchesse de Presle, 2 vol. in-8.	15
Lucien Spalma, 2 vol. in-8.	15
La Bande Noire, 2 vol. in-8.	15

Davin.

Le Crapaud, 2 vol. in-8.	15
Ce que regrettent les Femmes, 4 vol.	12
Une Fille naturelle, 2 vol. in-8.	15
Histoire d'un Suicide, 2 vol. in-8.	15
Une Séduction, 1 vol. in-8.	7 50
La Maison de l'Ange, 2 vol. in-8.	15

De Bast.

Ses Romans.

(Voir le Catalogue général pour le détail.)

Defauconpret.

Les Frères d'armes, 2 vol. in-8.	15
De L'Orme, 2 vol. in-8.	15
Le Secret du roi, 2 vol. in-8.	15
Le Jeune Imposteur, 2 vol. in-8.	15

(V. le Catalog. gén. pour les autres Romans.)

Delatouche.

Fragoletta, Naples et Paris, 2 v. in-8.	15
La Vallée-aux-Loups, 1 vol. in-8.	7 50
France et Marie, 2 vol. in-8.	15
Grangeneuve, 2 vol. in-8.	15
Clément XIV, Bertinazzi, 2 vol. in-32.	3

Desbordes-Valmore (Mme).

Poésies complètes, jol. vign., 2 vol. in-8.	15
Les mêmes, 3 vol. in-18.	15
Une Raillerie de l'Amour, 1 vol. in-8.	7 50
Les Pleurs, poésies, 1 vol. in-8.	7 50
L'Atelier d'un Peintre, 2 vol. in-8.	15
Le Salon de Lady Betty, 2 vol. in-8.	15

Desprez.

Un Enfant, 2 v. in-8 en trois parties.	15
Les Femmes vengées, 2 vol. in-8.	7 50

Dinocourt.

Le Serf du 15e Siècle, 2e édit., 4 vol.	12
Le Ligueur, 4 vol.	12
Le Corse, 4 vol.	12
Mozanino, 4 vol.	12
Le Faux Monoyeur, 4 vol.	12
Le Parricide, 4 vol.	12
Le Duelliste, 4 vol.	12
L'Agent Provocateur, 4 vol.	12
Blackbeard, 4 vol.	12
La Chambre Rouge, 5 vol.	15
Raymond de Tripoli, 5 vol.	15
Le Chasseur Noir, 6 vol.	18
Le Pape et l'Empereur, 4 vol.	12
Le Camisard, 4 vol.	12
La Cour des Miracles, 4 vol.	12
Le Luth Mystérieux, 4 vol.	12
Le Prévenu, 4 vol.	12
Hugues d'Enfer, 4 vol.	12
La Nuit du 13 Septembre, 4 vol.	12

Divers.

Les Cent-Une Nouvelles Nouvelles, avec 101 vignettes, 4 vol. in-8.	56

Nouveau Tableau de Paris, 7 v. in-8. 57 50
Le Livre des Cent-et-Un, 15 v. in-8. 80
Le Livre des Conteurs, 6 vol. in-8. 45

Diverses.

(MESDAMES SAND, TASTU, VOÏART, WALDOR, etc.)

Heures du Soir. — Livre des Femmes,
  6 vol. in-8. 45
Le Livre Rose. — Livre des Femmes.
  4 vol. in-8. 30

Drouineau.

Ernest, ou les Travers du siècle, 5 vol. 15
Les Ombrages, 1 vol. in-8. 7 50
Confessions Poétiques, 1 vol. in-8. 8
Le Manuscrit Vert, 2 vol. in-8. 15
Résignée, *nouvelle édition*, 2 v. in-8. 15
L'Ironie, *nouvelle édition*, 2 vol. in-8. 15

Ducange (Victor).

Ses Romans, 60 volumes in-12.

(Voir le Catalogue général pour le détail.)

Ducray-Duminil.

Ses Romans.

(Voir le Catalogue général pour le détail.)

Dumas (Alex.).

Isabel de Bavière, 2 vol. in-8. 15
Souvenirs d'Antony, 1 vol. in-8. 7 50
Gaule et France, 1 vol. in-8. 7 50
Impressions de Voyage, 2 vol. in-8. 15
La Comtesse de Salisbury, 2 vol. in-8. 15
Œuvres Dramatiques, 6 vol. in-8. 45

Duras (Mme).

Ourika, 1 beau vol. in-12. 3
Édouard, 2 beaux vol. in-12. 6

D'Epinay (la marq.).

Valida, 2 vol. in-8. 15
La Pierre de touche, 2 vol. in-8. 15
Une Mère du grand monde, 2 v. in-8. 15

Edgeworth.

Hélène, roman, 3 vol. in-8. 11 25
Nouveaux Contes Populaires, 4 v. in-12. 12
Les Protecteurs et les Protégés, 5 vol. 15
Ormond, 3 vol. in-12. 9

Fournier et Arnoult.

Struensée, *nouvelle édition*, 2 v. in-8. 15
Alexis Pétrowitch, *nouv. édit.*, 2 v. in-8. 15
Une Femme d'Affaires, 1 vol. in-8. 7 50

Foa (Eug.).

La Fiancée de l'Exilé, 1 vol. in-8. 7 50
La Laide, 1 vol. in-8. 7 50
La Juive, 2 vol. in-8. 15
La Femme à la mode, 1 vol. in-8. 7 50
Rachel et le Masque de Poix, 1 v. in-8. 7 50
Les Blancs et les Bleus, 4 vol. in-12. 12

Foucher.

La Misère dans l'amour, 1 vol. in-8. 7 50
Saynètes, 1 vol. in-8. 7 50

Les Passions dans le Monde, 1 vol. 7 50
Tout ou Rien, 1 vol. in-8. 7 50
Une Réputation de jeune Fille, 1 vol. 7 50

Fouinet.

Le Village sous les sablés, 2 vol. in-8. 15
La Strega, 2 vol. in-8. 15
La Caravane des Morts, 2 vol. in-8. 15
Le Souffre-douleur, 2 vol. in-8. 15
Roch le Corsaire, 2 vol. in-8. 15
L'Enfant de trois Mères, 2 vol. in-8. 15

Fremy (Arn.).

Une Fée de Salon, 2 vol. in-8. 15
Les Deux Anges, 2 vol. in-8. 15
Elfride, 2 vol. in-8. 15

Gay (Mmes S. et D.).

Physiologie du Ridicule, 2 vol. in-8. 7 50
Souvenirs d'une vieille Femme, 1 vol. 3 75
Anatole, *seconde édition*, 2 vol. in-12. 6
La Comtesse d'Egmont, 2 vol. in-8. 15
Le Lorgnon, roman, 2 vol. in-12. 7
Le Marquis de Pontanges, 2 vol. in-8. 15
La Canne de Balzac, 1 vol. in-8. 7 50
Contes d'une vieille Fille, 2 vol. in-18. 8
Napoline, Poésies diverses, in-8. 8
L'Égoïsme, ou l'Amour, 2 v. in-8. 15

Gautier (Th.).

Mademoiselle de Maupin, 2 vol. in-8. 15
Les Jeune-France, 1 vol. in-8, vign. 7 50
Le Capitaine Fracasse, 2 vol. in-8. 15
Albertus. — Poésies. 1 vol. 6
Confessions de 2 Gentilshommes, 2 v. 15

Genlis (Mme de).

Ses Œuvres.

(Voir le Catalogue général pour le détail.)

Gozlan (Léon).

(MICHEL RAYMOND.)

Le Notaire de Chantilly, 2 vol. in-8. 15
Le Médecin d'Argenteuil, 2 vol. in-8. 15
Les Méandres, 2 vol. in-8. 15

Guérin.

Chroniques de Paris, 2 vol. in-8. 15
Madame de Parabère, 2 vol. in-8. 15
Le Roi des Halles, 2 vol. in-8. 15
Clotilde, 2 vol. in-8. 15
Magdelaine-la-Repentie, 2 vol. in-8. 15
Le Marquis de Brunoy, 2 vol. in-8. 15
La Modiste et le Carabin, 2 vol. in-8. 15
Une Fille du Peuple, 2 vol. in-8. 15
Une Actrice, 2 vol. in-8. 15
La Fleuriste, 2 vol. in-8. 15
Le Mari de la Reine, 2 vol. in-8. 15
Le Sergent de Ville, 2 vol. in-8. 15
L'Imprimeur, 5 vol. in-12. 15
Les Deux Cartouches, 4 vol. in-12. 12
Sophie Arnoult, 2 vol. in-8. 15

Assortiment en nombre

Guiraud.

Flavien, ou Rome, etc., 3 vol. in-8.	22 50
Césaire, Révélation, 2 vol. in-8.	15
Poésies, 1 volume in-18.	4

Henri Heine.

Reisebilder. Tabl. de voy. 2 vol. in-8.	15
De la France, 1 vol. in-8.	7 50
De l'Allemagne, 2 vol in-8.	15

Hoffmann.

Œuvres fantastiques. 20 vol. in-12.	60

Houssaye (Ars.).

Une Couronne de Bluets, 1 vol. in-8.	7 50
De Profundis, 1 vol. in-8, vign.	7 50
Une Pécheresse, 2 vol. in-8.	15

Hugo (Victor).

(Édition in-octavo, avec vignettes.)

Odes et Ballades, 2 vol.	15
Les Orientales, 1 vol.	7 50
Les Feuilles d'Automne, 1 vol.	7 50
Les Chants du Crépuscule, 1 vol.	8
Han d'Islande, 2 vol.	15
Bug-Jargal, 1 vol.	7 50
Le Dernier jour d'un Condamné, 1 v.	7 50
Notre-Dame de Paris, 3 vol.	22 50
Cromwell, 2 vol.	15
Hernani, 1 vol.	7 50
Marion de l'Orme, 1 vol.	7 50
Le Roi s'amuse, 1 vol.	6
Lucrèce Borgia, 1 vol.	6
Marie Tudor, 1 vol.	6
Angelo, Tyran de Padoue. 1 vol.	6
Littérature et Philosophie mêlées, 2 v.	15

Jacob.

Fille et Femme, 2 vol. in-8.	15
Amante et Mère, 2 vol. in-8.	15
Le Bon vieux Temps, 2 vol. in-8.	15
Médianoches, 2 vol. in-8.	15
Pignerol, 2 vol. in-8.	15
Mon Grand Fauteuil, 2 vol. in-8.	15
La Chambre des Poisons, 2 vol. in-8.	15
Soirées de Walter Scott, 2 vol. in-8.	15
Le Roi des Ribauds, 2 v. in-8, portrait.	15
La Danse Macabre, 1 vol. in-8. vign.	7 50
Vertu et Tempérament, 2 v. in-8, vig.	15
Quand j'étais jeune, 2 vol. in-8.	15
Les Francs Taupins, 3 vol. in-8.	22 50
La Folle d'Orléans, 2 vol. in-8.	15
Les Va-Nu-Pieds. 2 vol. in-8.	15

Jacquemont.

Correspondance, 1828-1832, 2 v. in-8.	15

Jal.

Scènes de la vie maritime, 3 vol. in-8°.	22 50
Esquisses, croquis, etc., sur le Salon de 1827, 1 vol. in-8.	7 50
De Paris à Naples, 2 vol. in-8.	15

Janin (Jules).

Le Chemin de Traverse, 2 vol. in-8.	15
L'Ane mort, 1 vol. in-8.	8
Barnave, 2e *édition*, 2 vol. in-8.	15
La Confession, 2 vol in-12, fig.	8
Contes Fantastiques, 4 vol. in-12.	15
Contes Nouveaux, 4 vol. in-12.	15
Histoire de Debureau, 2 vol. in-12.	8
Le Pauvre Diable, 2 vol. in-8.	15

Karr (Alph.).

Sous les Tilleuls, *nouv. édit.*, 2 v. in-8.	15
Le Chemin le plus court, 2 vol. in-8.	15
Une Heure trop tard, 2 vol. in-8.	15
Vendredi Soir, 1 vol. in-8.	7 50
Pour ne pas être Treize, 2 vol. in-8.	15
L'Ile des Saules. 2 vol. in-8.	15
Fa Dièse, roman, 1 vol. in-8.	7 50

Kératry.

Frédéric Styndhal, 5 vol. in-12.	15
Saphira, 3 vol. in-8, *nouvelle édition*.	22 50
Le Dernier des Beaumanoirs, 4 vol.	12

Lacroix (J.).

Une Grossesse, 1 vol. in-8.	7 50
Le Flagrant Délit, 2 vol. in-8.	15
Corps sans Ame, 2 vol. in-8.	15
Une Fleur à vendre, 2 vol. in-8.	15
Le Tentateur, 1 vol. in-8.	7 50
Une première Ride, 2 vol. in-8.	15

Lafontaine (Aug.).

Ses Romans.

(Voir le Catalogue général pour le détail.)

Lamothe-Langon.

Le Comte de Saint-Germain, 2 v. in-8.	15
Cagliostro, 2 vol. in-8.	15
Mademoiselle Rohan, 2 vol. in-8.	15
Une Semaine de l'Hist. de Paris, 1 v. in-8.	7 50
Le Roi et la Grisette. 2 vol. in-8.	15
L'Auditeur au Conseil-d'État, 2 v. in-8.	15
La Famille du Voleur. 2 vol. in-8.	15
Théroigne de Méricourt, 2 vol. in-8.	15
Soirées de Louis XVIII, 2 vol. in-8.	15
Soirées de Charles X, 2 vol. in-8.	15
Monsieur et Madame. 2 vol. in-8.	15

In-douze.

Monsieur le Préfet, 4 vol.	12
La Femme du Banquier, 4 vol.	12
Un Fils de l'Empereur, 5 vol.	15
Le Diable, 5 vol.	15
La Princesse et le Sous-Officier, 5 vol.	15
Le Gamin de Paris, 5 vol.	15
Le Chancelier et les Censeurs, 5 vol.	15
Le Vingt-Un Janvier, 3 vol.	9
Le Ventru, 4 vol.	12

Lavater.

Henri Farel, roman, 2 vol. in-8.	15
Le Nouveau Candide, 2 vol. in-8.	12

de tous les Ouvrages nouveaux.

Lecomte.

L'Abordage, roman maritime, 2 vol. 15
Chroniques de la Marine, 6 vol. in-8. 45
L'Ile de la Tortue, 2 vol. in-8. 15
Le Capitaine Sabord, 2 vol. in-8. 15

Led'huy.

Thomas de Marle, 1 vol. in-8. 7 50
Comment meurent les Femmes. 2 vol. 15
La Belle Picarde. 2 vol. in-8. 15

Lemercier (Mme).

La Camériste, 1 vol. in-8. 7 50
La Femme à Quarante ans, 4 v. in-12. 12
Marguerite de Beaumesnil, 1 v. in-8. 3 75
La Femme Prodigue, 1 vol. in-8. 3 75

Lottin de Laval.

Marie de Médicis, 2 vol. in-8. 15
Robert-le-Magnifique, 2 vol. in 8. 15
Les Truands, (in-8 épuisé), 3 v. in-12. 10
Voyage en Orient, 2 vol. in-8. 15
Hist. des ducs de Normandie. 4 v. in-8. 30

Martin (H.).

Minuit et Midi, 1 vol. in-8. 7 50
Le Libelliste, 2 vol. in-8. 15
La Vieille Fronde, 1 vol. in-8. 7 50

Masson.

(MICHEL RAYMOND.)

Daniel le Lapidaire, 4 vol. in-8. 30
Un Cœur de Jeune Fille, 1 vol. in-8. 7 50
Vierge et Martyre, 2 vol. in-8. 15
Une Couronne d'Épines, 2 vol. in-8. 15
Thadéus le Ressuscité, 2 vol. in-8. 15
La Famille de l'Ouvrier, 2 vol. in-8. 15
La Lampe de Fer, 2 vol. in-8. 15

Mémoires.

Mémoires de Fleury, 4 vol. in-8. 30
— de Mme d'Abrantès, 18 vol. in-8. 135
— sur la Restauration, 6 vol. in-8. 45
— de Lacenaire, 2 vol. in-8. 15
— d'un Médecin, 4 vol. in-8. 30
— d'un Cadet de Famille, 3 vol. in-8. 22
— de Lord Byron. 5 vol. in-8. 37 50
— de Madame Dubarry, 6 vol. in-8. 45
— de Mirabeau, 7 vol. in-8. 52 50
— de Basil-Hall, 4 vol. in-8. 30
— de Tallemant des Réaux, 6 vol. in-8. 45
— de Thibaudeau. 10 vol. in-8. 60
— du Cardinal Pacca, 2 vol. in-8. 15
— de John Hampden. 2 vol. in-8. 15
— de Tous (Peyronnet, etc.), 6 v. in-8. 36
— de Lucien Bonaparte. 6 vol. in-8. 48
— de John Tanner. 2 vol. in-8. 15
— du Père l'Enfant, 2 vol. in-8. 15
— de Casanova. 8 vol. in-8. 60
— de Silvio Pellico, 2 vol. in-8. 12
— de la Comtesse Merlin, 4 vol. in-8. 30
— de Mademoiselle Quinault, 2 v. in-8. 15
— de la Comtesse Adhémar sur Marie-Antoinette, 4 vol. in-8. 30
— d'un Jeune Cavalier, 2 vol. in-8. 15
— du Prince de la Paix, 6 vol. in-8. 45

Mémoires de Dumouriez, 2 vol. in-8. 15
— de Robespierre, 2 vol. in-8. 15
— de Saint-Simon. 21 vol. in-8. 154
— du chevalier d'Éon, 2 vol. in-8. 15
(Voir le Catalogue général pour les autres Mémoires.)

Mérimée.

Mosaïque, nouvelles, 1 vol. in-8. 7 50
La Jaquerie, nouv. édit., 1 vol. in-8. 7 50
Chronique de Charles IX, 1 vol. in-8. 7 50
Double Méprise. 1 vol. in-8. 7 50
Notes sur l'Angleterre, 1 vol. in-8. 7 50
Théâtre de Clara Gazul, 1 vol. in-8. 7 50
La Guzla. 1 vol. in-12. 5
Notes sur le midi de la France. 1 v. in-8. 7 50

Mesnard (Ern.).

Pen March, 1 vol. in-8. 7 50
Budic-Mur, 2 vol. in-8. 15
Quiberon, 2 vol. in-8. 15
Le Camp des Martyrs, 2 vol. in-8. 15

Méry et Barthélemy.

12 Journées de la Révolution. 1 v. in-8. 6 50
Némésis. 2 vol. in-8, gravures. 10
Napoléon en Égypte. 1 vol. in-8. 6
Le Bonnet vert, 1 vol. in-8. 7 50
Œuvres Poétiques, 4 vol. in-18, portr. 8
L'Assassinat, 1 vol. in-8, vignette. 7 50
Scènes de la vie italienne, 2 vol. in-8. 15

Merville.

Le Baron de l'Empire, 5 vol. in-12. 15
Paul Briolat, 3 vol. in-12. 9
Le Vagabond, 4 vol. in-12. 12
Le Procureur impérial, 2 vol. in-8. 15
Contes et Nouvelles, 3 vol. in-12. 9

Michel Raymond.

(Voir BRUCKER, MASSON, GOZLAN.)

Montholieu.

Ses Romans.
(Voir le Catalogue général pour le détail.)

Morgan (lady).

Scènes Dramatiques, 2 vol. in-8. 12
La France en 1829 et 1830, 2 v. in-8. 16
La Princesse, 3 vol. in-8. 21
Les O'Brien et les O'Flaherty, 6 v. in-12. 18

Mortonval.

Un Secret d'État, 1 vol. in-8. 7 50
Charles de Navarre, 2 vol. in-8. 15
Le Capucin du Marais, 2 vol in-8. 15
Maurice Pierret, 5 vol. in-12. 16
Le Comte de Villamayor, 5 vol. in-12. 15
La Dame de Saint-Brice, 4 vol. in-12. 12
Le Fils du Meunier, 9 vol. in-12. 27
Mon ami Norbert, 3 vol. in-12. 10
Don Martin Gil, 2 vol. in-8. 15
Fray Eugenio, 2 vol. in-8. 15 fr.

Monnier (Henry).

Scènes Populaires, 3 vol. in-8, vign. 22 50
(Les tom. 2 et 3 se vendent séparément.)

Assortiment en nombre.

Muret (Théod.).

Le Chevalier de Saint-Pons, 2 v. in-8.	15
Georges, ou Un sur Mille, 1 vol. in-8.	7 50
Mademoiselle de Montpensier, 2 v. in-8.	15

Musset (Alf. et P.).

Samuel, roman sérieux, 1 vol. in-8.	7 50
La Tête et le Cœur, 1 vol. in-8.	7 50
Lauzun, 2 vol. in-8.	15
Un Spectacle dans un Fauteuil, 2 vol.	15
Confession d'un Enfant du Siècle, 2 v.	15
Anne Boleyn. 2 vol. in-8.	15

Nodier (Charles).

(Edition in-octavo.)

Mélanges d'une Bibliothèque 1 vol.	7 50
Questions de littérature, 1 vol. in-8.	4 50
Histoire du Roi de Bohême, 1 vol.	7
Jean Sbogar, 1 vol.	7 50
Le Peintre de Saltzbourg, Adèle, Thérèse, Aubert, 1 vol.	7 50
Smarra, Trilby, les Tristes, Hélène Gillet, 1 vol.	7 50
La Fée aux Miettes, 1 vol.	7 50
Rêveries, 1 vol.	7 50
Mademoiselle de Marsan, 1 vol.	7 50
Le Dernier Banquet des Girondins, 1 v.	7 50
Souvenirs et Portraits, 1 vol.	7 50
Souvenirs et Portraits, ouvr. nouv., 1 v.	7 50
Souvenirs de Jeunesse, 1 vol.	7 50
Le Dernier Chapitre de mon Roman.	3
Contes en prose et en vers, 1 vol.	7 50
Notions de Linguistique. 1 vol.	7 50

Pastoret.

Raoul de Pellevé, 2 vol. in-8.	15
Le Duc de Guise à Naples, 1 vol. in-8.	7 50
Érard du Chatelet, 2 vol. in-8.	15
Histoire de la Chute de l'Empire Grec.	7

Paul de Kock.

Frère Jacques, 4 vol.	12
M. Dupont, 4 vol.	12
Georgette, ou la Nièce du Tabellion.	12
Sœur Anne, 4 vol.	12
Gustave, ou le Mauvais Sujet, 4 vol.	12
L'Enfant de ma Femme, 2 vol.	6
Contes en vers, 1 vol.	3
André le Savoyard, 5 vol.	15
Le Barbier de Paris, 4 vol.	12
Petits Tableaux de Mœurs, 2 vol.	6
La Laitière de Montfermeil, 5 vol.	15
Jean, 4 vol.	12
La Maison Blanche, 5 vol.	15
La Femme, le Mari et l'Amant, 4 vol.	12
L'Homme de la Nature, 5 vol.	15
Le Cocu, 4 vol.	12
Madeleine, 4 vol.	12
Mon voisin Raymond, 4 vol.	12
Un Bon Enfant, 4 vol.	12
La Pucelle de Belleville, 4 vol.	12
Ni Jamais ni Toujours. 4 vol.	12
Zizine. 4 vol.	12

Perrin (Max.).

La Femme et la Maîtresse. 2 vol. in-8.	15
Les Mauvaises Têtes, 2 vol. in-8.	15
La Grande-Dame et la Fille, 2 v. in-8.	15
Soirées d'une Grisette, 2 vol. in-8.	15
La Servante-Maîtresse, 2 vol. in-8.	15
La Fille de l'Invalide, 2 vol. in-8.	15
Le Prêtre et la Danseuse, 2 vol. in-8.	15

In-douze.

Les mêmes Ouvrages.

Petrus Borel.

Madame Putiphar, 2 vol. in-8, vign.	15
Champavert, 1 vol. in-8.	7 50
Robinson Crusoé, 2 vol. in-8. vign.	10

Picard.

Les Gens comme il faut, 2 vol. in-12.	6
Le Gilblas de la Révolution, 5 v. in-12.	15
Eugène et Guillaume, 6 vol. in-12.	18
L'Honnête Homme, ou le Niais, 3 vol. in-12.	9

Pichot.

Voyage en Écosse et en Angleterre, 3 vol. in-8 et Atlas.	27
Le Perroquet de Walter Scott, 2 vol.	15
Histoire de Charles Edouard, 2 v. in-8.	15

Pigault-Lebrun.

(Edition in-douze.)

Les Barons de Felsheim, 4 vol.	10
Angélique et Jeanneton, 2 vol.	5
Mon Oncle Thomas, 4 vol.	10
Les Cent vingt Jours, 4 vol.	10
La Folie espagnole, 4 vol.	10
M. de Roberville, 4 vol.	10
M. Botte, 4 vol.	10
L'Enfant du Carnaval, 3 vol.	7 50
Jérôme, 4 vol.	10
Théâtre et Poésies, 6 vol.	15
La Famille Luceval, 4 vol.	10
L'Homme à Projets, 4 vol.	10
Une Macédoine, 4 vol.	10
Tableaux de Société, 4 vol.	10
Adélaïde de Méran, 4 vol.	10
Mélanges critiques et littéraires, 2 vol.	5
Le Garçon Sans-Souci, 2 vol.	5
L'Officieux. 2 vol.	5
L'Égoïsme, ou Nous le sommes tous, 2 vol.	5
M. Martin, ou l'Observateur. 2 vol.	5
Le Beau-Père et le Gendre. 2 vol.	5
La Sainte Ligue, ou la Mouche, 6 vol.	21
Le Citateur, 2 vol.	5

Raban.

Ses Romans, 80 volumes in-12.

(Voir le Catalogue général pour le détail.)

Raynal (Hipp.).

Un Voleur (sous les verroux), 1 v. in-8.	7 50
Malheur et Poésie, 1 vol. in-8.	7 50
Boquillon le pied-bot. 2 vol. in-8.	15

Resseguier (J. de).

Almaria, 1 vol. in-8.	7 50
Poésies, 1 vol. in-8, vignettes.	7 50
Les mêmes, in-48.	4

Rey-Dussueil.

Les Trois Amis, 1 vol in-8.	7 50
La Fin du Monde, 1 vol. in-8.	7 50
Le Monde nouveau, 1 vol. in-8.	7 50
Andréa, Hist. de l'Empire, 1 v. in-8.	7 50
Samuel, 4 vol. in-12.	12
La Confrérie du Saint-Esprit, 5 vol.	15
Le Cloître Saint-Méry. 1 vol. in-8.	7 50

Ricard.

Le Portier, 4 vol.	12
La Grisette, 4 vol.	12
Le Cocher de Fiacre, 4 vol.	11
Le Forçat libéré, 4 vol.	12
La Vivandière, 4 vol.	12
Le Chauffeur, 4 vol.	12
Florval, 4 vol.	12
Le Marchand de Coco, 5 vol.	15
La Sage-Femme, 4 vol.	12
Le Drapeau Tricolore, 4 vol.	12
M. Mayeux, 4 vol.	12
L'Ouvreuse de Loges, 5 vol.	15
La Diligence, 4 vol.	12
Le Faubourien, 4 vol.	12
Comme disent les Bonnes Gens, 4 vol.	12
Ainée et Cadette, 4 vol.	12
Celui qu'on aime, 4 vol.	12
Maison à cinq étages, 4 vol.	12
Comme on gâte sa vie. 5 vol.	15
Les Grands Parents, 4 vol.	12

Riccobini (Mme).

Ses Romans.

(Voir le Catalogue général pour le détail.)

Roger de Beauvoir.

L'écolier de Cluny, 2 vol. in-12.	7
Le Café Procope, 1 vol. in-8.	7 50
L'Excellenza, 1 vol. in-8.	7 50
Ruysch, 1 vol. in-8.	7 50
Polichinelle, 1 vol. in-8.	3 75
L'Auberge des Trois Pins, 1 vol. in-8.	7 50

Roland-Bauchery.

Le Bourreau du Roi, 1 vol. in-8.	7 50
La Napolitaine, 1 vol. in-8.	7 50
Didier, ou le Borgne, 2 vol. in-8.	15
La Fille d'une Fille, 1 vol. in-8.	7 50
L'Héritage de la Famille, 2 vol. in-8.	15
Deux Génies, 2 vol. in-8.	15

Royer (Alph.).

Venezia la Bella, 2 vol in-8.	15
Manoël, 1 vol. in-8.	3 75
Un Divan, 1 vol. in-8.	3 75
Les Mauvais-Garçons, 2 vol. in-8.	15
Scènes de la vie hollandaise, 2 v. in-8.	15
Le Connétable de Bourbon, 2 v. in-8.	15

Sainte-Beuve.

(Édit. in-octavo.)

Critiques et Portraits littéraires, 3 v.	24
Joseph Delorme, vie et poésies, 1 vol.	7 50
Les Consolations, 1 vol.	7 50
Poésie française au XVIe Siècle, 2 vol.	15
Port-Royal, 2 vol.	15
Volupté, 2 vol.	15

Saintine.

Une Maîtresse de Louis XIII, 2 vol.	10
Le Mutilé, 1 vol. in-8.	7
Picciola, 1 vol. in-8.	7 50
La Déesse, 2 vol. in-8.	15
Le Duc de Joyeuse, 2 vol. in-8.	15
Jonathan-le-Visionnaire, 2 vol. in-8.	15
Joséphine, 2 vol. in-8.	15
Guerre d'Italie. 1 vol. in-8.	7 50

Saint-Félix.

Dalilah, 1 vol. in-8.	7 50
Cléopâtre. 2 vol. in-8.	15
Le Roman d'Arabelle, 1 vol. in-8.	7 50
Poésies, 1 vol. in-8.	7 50
Mademoiselle de Marignan. 1 vol. in-8.	7 50

Salvandy.

Nathalie, 2 vol. in-12.	6
Corisande de Mauléon, 2 vol. in-8.	15
Don Alonzo, ou l'Espagne, 4 v. in-12.	12
La Révolution 1830. 1 vol. in-8.	7 50
Paris, Nantes et la Session, 1 vol. in-8.	5
Islaor, ou le Barde, 1 vol. in-12.	3
Histoire de Pologne. 3 vol. in-8.	24

Sand.

Rose et Blanche, 2 vol. in-8.	15
Lélia, 2 vol. in-8.	15
Valentine, 2 vol. in-8.	15
Indiana, 2 vol. in-8.	15
Contes et Nouvelles. 2 vol. in-8.	15
Jacques, 2 vol. in-8.	15
André-Léone-Léoni, 2 vol. in-8.	15
Simon, 1 vol. in-8.	8
Engelwald, 2 vol. in-8.	15

Sandeau.

Madame Sommerville, 1 vol. in-8.	7 50
Un nouveau Roman, 2 vol. in-8.	15
Une dixième Muse. 1 vol. in-8.	7 50

Serviez (Alf. de).

L'Aide-de-Camp, 1 vol. in-8.	7 50
Neuf jours d'Hymen, 2 vol. in-8.	15
Le Démon du Midi, 2 vol. in-8.	15
Un nouveau Roman. 2 vol. in-8.	15

Signol et Macaire.

Leurs Romans.

(Voir le Catalogue général pour le détail.)

14   Assortiment en nombre de tous les Ouvrages, etc.

Soulié (Fréd.).

Le Conseiller-d'Etat, 2 vol. in-8.	15
Le Vicomte de Béziers, 2 vol. in-8.	15
Le Comte de Toulouse, 2 vol. in-8.	15
Le Magnétiseur, 2 vol. in-8.	15
Deux Séjours, 2 vol. in-8.	15
Le Port de Creteil, 2 vol. in-8.	15
Un Eté à Meudon, 2 vol. in-8.	15
Les Deux Cadavres. 2 vol. in-8.	15
Sathaniel. 2 vol. in-8.	15
Les quatre Époques. 2 vol. in-8.	15

Souvestre.

Les Derniers Bretons, 4 vol. in-8.	30
L'Echelle des Femmes, 2 vol. in-8.	10
Riche et Pauvre, 2 vol. in-8.	15
Deux Mariages. 2 vol. in-8.	15

Souza (Flahaut).

Ses Romans.

(Voir le Catalogue général pour le détail.)

Spindler.

La Nonne de Gnadenzell, 2 vol. in-8.	15
Les Trois As, 2 vol. in-8.	15
Le Jésuite, trois parties en 2 vol. in-8.	15
Les Soirées de Dresde, 2 vol. in-8.	15
Le Juif, 5 vol. in-12.	15
L'Elixir du Diable, 4 vol. in-12.	12

Sue (Eug.).

La Coucaratcha, 4 vol. in-8.	30

(On vend séparément les tomes 3 et 4.)

Atar-Gull, 2 vol. in-8.	15
Plik et Plok, 1 vol. in-8.	7 50
La Vigie, 4 vol. in-8.	15
La Salamandre, 2 vol. in-8.	15
Histoire de la Marine. 4 vol. in-8.	40

In-douze.

Atar-Gull, 4 vol.	15
Plik et Plok, 2 vol.	8
Cécile, 1 vol.	4

Tastu (Mme).

Prose, 2 vol. in-8.	15
Chroniques de France, 1 vol. in-8.	7 50
Poésies, 1 vol. in-18.	6
Nouvelles Poésies, 1 vol. in-18 (1835).	6

Thouret (Ant.).

Toussaint-le-Mulâtre, 2 vol. in-8.	15
Blanche de Saint-Simon, 1 vol. in-8.	7 50
L'Enfant de Dieu. 2 vol. in-8.	15

Touchard-Lafosse.

Chroniques de l'OEil-de-Bœuf, 8 v. in-8.	60
Le Bosquet de Romainville, 2 vol.	15
A moi la Fortune! 2 vol. in-8.	15
Les Jolies Filles, 2 vol. in-8.	15
Les Amours d'un Poëte, 2 vol. in-8.	15
Le Roi de la Révolution, 1 vol. in-8.	7 50
Souvenirs d'un Demi-Siècle. 6 v. in-8.	45
Les Reverbères, 6 vol. in-8.	45
Marthe la Livonienne, 2 vol. in-8.	15
Jean Ango, 2 vol. in-8.	15

In-douze.

La Pudeur et l'Opéra, 4 vol.	12
L'Homme du Peuple, 5 vol.	15
Les Marionnettes Politiques, 4 vol.	12
L'Habit de Chambellan. 4 vol.	12

Viennet.

La Tour de Montlhéry, 2 vol. in-8.	15
Le Château Saint-Ange, 2 vol. in-8.	15

Vigny (Alfred de).

Cinq-Mars, 2 vol. in-8.	15
Stello, 2 vol. in-12.	8
Servitude et Grandeur militaires, 1 v.	8
Chatterton, 1 vol. in-8.	6 50
Le More de Venise, 1 vol. in-8.	6
Poëmes antiques et modern. 1 v. in-8.	7 50

Voïart (Mme Élise).

Mignonne, 2 vol. in-8.	15
La Vierge d'Arduène, 1 vol. in-8.	7 50
Le Mariage et l'Amour, 1 vol. in-8.	7 50
L'Anneau, 2 vol. in-12.	6

Walter Scott.

Œuvres, 165 volumes in-12.

(Voir le Catalogue général pour le détail.)

Zchokke.

Le Créole, 4 vol.	12
Contes suisses. 4 vol.	12
Soirées de Chamouny, 4 vol.	12
Le Giesbach, 4 vol.	12
Matinées de Brienz, 4 vol.	12
L'Anneau de Luther. 4 vol.	12
Le Sorcier. 5 vol.	15

(Pour les autres Romans, voir le Catalogue général.)

L'ART D'ACCORDER SOI-MÊME
son piano,

(*annoncé page 5*) forme un beau vol. in-8, avec 7 planches en taille-douce. Prix, 7 fr.

LITTÉRATURE, PHILOSOPHIE, HISTOIRE, ETC.

Académie.

Dictionnaire, 6ᵉ *édition*. 2 vol. in-4.　36

Anquetil.

Histoire de France. 13 vol. in-8.　36

Balbi.

Géographie. — 3ᵉ *édition*. 1 vol. in-8.
Le Globe (Atlas 42 Cartes), in-4.　15

Barante.

Mélanges littéraires, 3 vol. in-8.　22 50
Communes et de l'Aristocratie, 1 vol.　7 50
Tableau de la Littérature, 1 vol. in-8.　7 50
Hist. des Ducs de Bourgogne, 12 vol.　75

Barchou de Penhoën.

De la Destination de l'Homme, v. in-8.　7 50
Philosophie allemande. 2 vol. in-8.　15
Un Automne au bord de la mer, 1 v.　6
Mémoires d'un Officier, 1 vol. in-8.　7 50
Guillaume d'Orange et Louis-Philippe.　7 50

Béranger.

Œuvres complètes. 4 vol. in-8. vign.　26
—— —— 5 vol. in-18, vign.
—— —— 3 vol. in-32, vign.　5

Boiste.

Dictionnaire Français, 1 v. in-4° 4ᵉ *éd.*　18

Bonnet.

Manuel du Capitaliste, 1 vol. in-8.　6

Bruyère.

L'Art des Constructions, 2 vol. in-f°.
reliés en maroquin.　100

Buffon.

Œuvres complètes avec supplément,
9 vol. in-8 à deux col., 700 vign.　42

Capefigue.

(Edition in-octavo.)

Histoire de Philippe-Auguste, 4 vol.　30
— de France, depuis Phil.-Aug. 4 vol.　30
— de la Réforme, de la Ligue, etc., 8 v.　60
— de la Restauration, 10 vol.　75
— de Richelieu, Mazarin, etc., 6 vol.　45
Le Gouvernement de Juillet 1830-1835.　15
Jacques II à Saint-Germain, 2 v. in-8.　15
Les Juifs au moyen-âge, 1 vol.　7 50
Le Ministère de Thiers, etc., 1 vol.　7 50

Châteaubriand.

Courtes explications sur les 12,000 fr.
offerts par la duch. de Berry, 1 v.　1 50

Campan (Mᵐᵉ).

Correspondance avec la Reine Hortense, 2 vol. in-8.　15
De l'Éducation, 2 vol. in-8.　15

Cooper.

(Traduction de Defauconpret.)

Œuvres complètes. 14 vol. in-8.　40

Courrier (P.-L.).

Œuvres complètes, 4 vol. in-8.　8

Delavigne.

Œuvres, 11 vol. in-18. Gravures.　20
—— 6 vol. in-8.　30

On vend séparément :

Messéniennes et Poésies. 2 vol. in-8.　10
—— —— 3 vol. in-18.　8
Théâtre complet. 4 vol. in-8.　14
—— —— 8 vol. in-18.　12

Divers.

Biographie universelle. 5 vol. in-8.　40

Girault Duvivier.

Grammaire des Grammaires, 2 v. in-8.　14

Henrion de Pansey.

(Edition in-octavo.)

Compétence des Juges de Paix, 1 vol.　8
Des Assemblées nation. en France, 2 v.　12
De l'Autorité judiciaire, 2 vol.　15
Du Pouvoir municipal, 1 vol.　6 50
Des Biens communaux, 1 vol.　8

Justin-Maurice.

Pensées du Ciel et de la Solitude, 1 v.　7 50
Au pied de la Croix, 2ᵉ *édit.* 1 v. in-8.　5

Lamartine.

Œuvres complètes, 11 vol in-8, grav.　75

On vend séparément :

Voyage en Orient, 4 vol. in-8.　30
Jocelyn, 2 vol. in-8. 15 fr. — 2 v. in-18.　9
Harmonies poétiques, 2 vol. in-8.　16
—— —— 2 vol. in-18.　9
—— —— 2 vol. in-32.　7
Méditations anc. et nouv. 2 vol. in-32.　7
Dernier Chant de Child Harold, in-18.　4

La Mennais.

Paroles d'un Croyant, 1 vol. in-8.　6
—— *édition populaire.* 1 vol. in-18.　1
Affaires de Rome. 1 vol. in-8.　7

(Pour les Œuvres complètes, voir le Catalogue général.)

Lerminier.

(Edition in-octavo.)

Philosophie du Droit, 2 vol.　15
Au-delà du Rhin, 2 vol.　15
Lettres philosophiques, 1 vol.　7 50

Littérature, Philosophie, Histoire, etc.

Influence de la Philosophie, 1 vol. — 8
Introduction à l'Histoire du Droit, 1 v. — 8
Études de Philosophie, 2 vol. — 14

Lord Byron.

Traduction de Pichot. 6 vol. in-8. — 20

Lord Byron.

Traduction nouvelle par B. Delaroche.
4 vol. grand in-8. — 45

Norvins.

Histoire de Napoléon, 4 vol in-8, fig. — 25
Essai sur la Révolution 1789, 1830, 2 v. — 12

Œuvres complètes.

(Édition grand in-8° à deux colonnes)

Anacharsis (voyage). 1 vol. — 9
Beaumarchais. 1 vol. — 10
Bernardin de Saint Pierre. 2 vol. — 22
Boileau, Malherbe et J.-B. Rousseau.
1 vol. — 10
Bourdaloue. 3 vol. — 2
Corneille (P. et Th). 2 vol. — 18
Châteaubriand. 4 vol.
Delille. 1 vol. — 12
Fénelon. 3 vol. — 27
Gibbon. — Empire romain. 2 vol. — 24
La Fontaine. 1 vol. — 10
La Harpe. — Cours. 2 vol. — 18
Lantier. — Œuvres. 1 vol. — 9
Massillon. 2 vol. — 15
Molière. 1 vol. — 9
Montaigne. 1 vol. — 9
Montesquieu. 1 vol. — 9
Rousseau (J.-J). 4 vol. — 40
Sévigné. 2 vol. — 20
Shakspeare. 2 vol. — 28
Voltaire. 4 vol. — 60
Plutarque. (Vies des Hommes illustres). 2 vol. in-8. — 14
Collection de Classiques. 2 vol. in-8. — 50

Peyronnet (de).

Pensées d'un Prisonnier, 2 vol. in-8. — 15
Histoire des Francs, 2 vol. — 16
Mémoires de Tous, tome 2. — 7 50

Planche.

Portraits Littéraires, 2 vol. in-8. — 15
Portraits d'Artistes, 2 vol. in-8. — 15

Polignac.

Considérations sur l'Histoire de la Restauration. 1 vol. in-8. — 3 50

Rogron.

Code Civil, 1 vol, in-18. — 9
—— de *Procédure* civile, 1 v. in-18. — 9
—— d'*Instruction* criminelle, 1 vol. — 8
—— de *Commerce*, 1 vol. in-18. — 7
—— de *la Chasse* et de la pêche, 1 v. — 9

Senancour.

Obermann, 2 vol. in-8. — 15
Isabelle, 1 beau vol. — 3 75
Rêveries, *nouvelle édition*, 1 vol. in-8. — 7 50
De l'Amour, 2 vol. in-8. — 15

Silvio Pellico.

Mémoires (mes prisons), 2 vol. in-8. — 12
Devoirs des Hommes, 1 vol. in-8. — 7
Trois Nouvelles, 1 vol. in-8. — 6

Thiers.

Histoire de la Révolution, 4e *édition*,
10 vol. in-8, 100 gravures. — 45

Tocqueville.

De la Démocratie en Amér. 2 v. in-8. — 15

Touchard-Lafosse.

Histoire des envir. de Paris. 4 v. in-8. — 16

Toullier.

Droit Civil français, tom. 11 à 15, — 10

Turquety (Ed.).

Amour et Foi. 1 vol. in-8. — 7 50
Poésie catholique. 1 vol. in-8. — 7 50
Un nouvel Ouvrage. 1 vol. — 7 50

Volney.

Voyage en Égypte, en Syrie, 2 v. in-8. — 7 50

Walter Scott.

(Traduction de Defauconpret.)

Œuvres complètes. 30 vol. in-8. — 120

SOUS PRESSE:

DES DOCTRINES DE CALVIN

ET DE SON ÉCOLE,

Dans leur manifestation religieuse, historique et littéraire.

Par MM. Ch. Labitte et de Saint-Gresse.

— 3 volumes in-8. — Prix : 22 francs. —

— PARIS. — IMPRIMERIE DE TERZUOLO, RUE DE VAUGIRARD, N° 11.

Nouveautés en vente.

L'INDUSTRIEL
ou Noblesse et Roture,
Par le Baron de Bilderberck. — 2 vol. in-8. 15 fr.

C'est le dénoûment de ce roman qui a fourni le sujet du drame *la Duchesse de La Vauballière*.

LE JÉSUITE,
Par Spindler. — 2 vol. in-8. 15 fr.

Les Amours d'un Poéte,
Par Touchard-Lafosse. — 2 vol. in-8. 15 fr.

LE MARQUIS DE BRUNOY,
Deuxième édition,
Par E. Guérin. — 2 vol. in-8. 15 fr.

Le Roi des Halles,
Par l'auteur de *Madame de Parabère*. — 2 vol. in-8. 15 fr.

LA MODISTE ET LE CARABIN,
Par E. Guérin. 2 vol. in-8. 15 fr.

UNE MAITRESSE DE KLÉBER,
Par l'auteur de *la Princesse Borghèse*. 2 vol. in-8. 15 fr.

www.ingramcontent.com/pod-product-compliance
Lightning Source LLC
Chambersburg PA
CBHW060609170426
43201CB00009B/958